KB196210

내 안의 단단한 내면을 발견하는

불교 마음 수업

내 안의 단단한 내면을
발견하는

불교 마음 수업

마스노 슌묘
마쓰시게 유타카

왕현철 옮김

RHK
알에이치코리아

길을 떠나며

배우 마쓰시게 유타카입니다. 이번 생일에 60세가 돼서, 누가 뭐
래도 어엿한 환갑입니다. "마쓰시게가 관리직에서 은퇴하는군", "농
사를 지으려고 직장을 그만두었대" 하는 이야기가 어디선가 들려
옵니다. 동창회에 나갈 주변머리가 없어서 얼굴을 비춘 지 오래인
데도 이런 소문이 돈다고 하네요. 이제 그런 소문이 자연스럽게 퍼
지는 나이가 된 것이지요.

　배우에게 정년이 없는 것은 행복한 일이지만, 60세가 되어도 앞
날이 불투명한 건 마찬가지예요. 다만, 배우는 얼마든지 상상의 나
래를 펼 수 있지요. 때로는 고양이조차 될 수 있으니까요. 저는 뭐,
실패하더라도 웃고 넘어가면 그만이라고 생각합니다. 만약 비웃음
을 사더라도, 이 나이가 되면 새삼 부끄러운 것도 없어요. 그러잖아

도 어릴 때부터 상상하는 것은 저의 몇 안 되는 특기였습니다.

이런 제가 배우로서 입에 풀칠하던 생활에서 벗어난 것은 40세 무렵이었고, 방황하기도 했습니다. 그럴 때 저의 길잡이가 돼준 것이 '선禪'이었습니다. 기껏해야 선을 흉내 내거나 『반야심경』을 읽는 정도였지만, 선은 길을 잃고 방황할 때 제가 나아가야 할 길을 넉넉하게 비추어주었습니다.

그리고 마침 그 시기에 「십우도十牛圖」를 만났지요. 십우도는 동자가 소를 찾는 여정을 담은 열 장의 그림입니다. 이 책의 핵심 주제라고 할 수 있지요. 그림 하나하나에 대한 자세한 소개는 본문에서 하도록 하겠습니다.

십우도는 열 장의 그림에 불과하지만, 그 속에는 '깨달음'에 이르는 단계가 묘사돼 있다고 합니다. 당시 백팔번뇌의 고뇌에 휩싸인 저는 그 깨달음을 알고 싶었습니다.

첫눈에는 단순해 보였지만 「십우도」에 담긴 깊은 의미를 혼자 힘으로 깨치기는 어려웠습니다. 그래서 마스노 슌묘 선생님에게 「십우도」에 대한 가르침을 청했습니다. 선생님과는 《한때ひととき》라는 여행 잡지의 대담에서 만난 인연이 있었지요. 그 인연으로 소를 찾는 여행의 안내를 부탁드렸고, 흔쾌히 승낙해 주셨습니다. 정말로 감사한 일이지요.

그칠 줄 모르는 전염병(코로나19), 바다 건너편에서 벌어지는 전쟁의 참화, 갑작스러운 사건 사고로 힘들고 어려운 세상 가운데서

불교 마음 수업

마스노 선생님과 나눈 대화의 나날은 환갑을 넘긴 저에게 앞으로
의 길을 꿈꾸게 해준 소중한 시간이었습니다.

'선'은 남녀노소 누구나 자신의 삶에 적용할 수 있는 다양한 지
혜를 담고 있습니다. 어렵다고 느껴질 수 있지만, 알고 보면 일상에
서 실천해 볼 수 있는 방법이 많습니다. 무엇보다 선은 삶에 대한
단서로 가득 차 있어, 우리에게 새로운 시각과 길을 제시해 줍니다.
이러한 선의 이야기를 마스노 선생님의 안내를 통해, 독자 여러분
과 함께 하나씩 풀어보고 싶습니다.

이 나이가 되니, 누군가와 소통하는 일이 무엇보다 큰 기쁨으로
다가옵니다. 아무쪼록 제 환갑 잔치의 하객이라고 생각하시고, 마음
수행의 여정을 함께 해주신다면 오래도록 행운이 따를 것입니다.

차례

소를 찾아 떠나는
마음 여행

인연은 항상 '선'과 맞닿아 있다

_____ 두 사람의 인연

마스노 슌묘(이하 마스노) 마쓰시게 씨와는 묘한 인연이 있습니다. 제가 다마미술대학에서 마쓰시게 씨의 따님을 가르쳤지요. 그 인연으로 따님은 우리 절의 꽃 축제에서 2년 연속으로 북을 치고 춤도 추었지요. 게다가 따님은 제 조카의 중학교, 고등학교 1년 선배이고, 배구부에서 함께 활동한 사이라고 하더군요.

마쓰시게 유타카(이하 마쓰시게) 네, 인연은 정말로 재미있어요. '이건 인연이구나'라는 느낌이 왔을 때, 꽉 붙잡고 놓지 말아야겠다는 생각이 듭니다. 마스노 선생님의 조카딸이 제 딸과 같은 학교에서 동아리 활동을 하고 있을 줄 누가 알았을까요. 그러고 보니 여행 잡지의 대담 자리를 갖기로 한 바로 전날에도 선생님과 만날 뻔했죠.

마스노 그랬지요. 그 여행 잡지의 일정으로 마쓰시게 씨 일행이 교토의 사이호지西芳寺를 방문하는 날 바로 이틀 전에 저도 사이호지를 방문했지요. 날짜가 같았다면 만날 수도 있었겠어요.

마쓰시게 저는 개인적으로 사이호지를 꼭 한번 가보고 싶었어요. 언젠가 지인을 데리고 좌선하러 오라는 제안을 받아서 일정을 조정해서라도 꼭 방문해야겠다고 생각했어요. 우리는 이미 이런 수많은 인연 속에 살아가고 있구나 실감합니다.

마스노 인연에 대해 말씀드리자면, 불교에서 '인연因緣'은 매우 소중한 단어입니다. 지금은 그렇게 좋은 의미로 사용하고 있지 않지만, 인연의 '인因'은 원인을 뜻합니다.

예를 들어, 매화나무가 두 그루 있다고 가정해 봅시다. 두 나무는 봄바람이 불면 꽃을 피우려고 합니다. 한 그루는 겨울 추위에도 미리부터 계속 준비하고 있습니다. 하지만 다른 한 그루는 봄바람이 불고 난 후부터 준비하려고 합니다. 그렇게 추운 날이 계속되던 어느 날, 갑자기 따뜻한 남풍이 불기 시작했습니다. 미리 준비한 매화나무는 바람을 타고 꽃을 활짝 피울 수 있었죠. 하지만 다음 날 다시 추운 날로 되돌아갔습니다. 결국 뒤늦게 준비를 시작한 매화는 꽃을 피울 수 없게 되었지요. 그러나 한 번 꽃을 피운 매화는 계속 꽃을 피울 수 있었어요. 그 매화가 꽃피울 수 있었던 것은 꽃피우기 위한 준비, 즉 '원인'을 제대로 만들어 놓았기 때문이지요.

인연의 '연緣'은 요즘 말로 하면 '기회'입니다. 기회는 누구에게나 평등하게 찾아옵니다. 두 그루의 매화나무에 똑같이 남풍이 불어오듯, 어느 집에서나 달빛의 아름다움을 볼 수 있지요. 그렇듯 기회는 사는 곳이나 빈부의 차이, 명예의 유무와 상관없이 똑같이 주어집니다.

준비해서 '인'을 만들어 온 사람은 그 기회를 잘 활용해서 꽃을 피울 수 있습니다. 꽃이 피면 나비가 찾아와 수분을 도와주고, 열매를 맺을 수 있게 되지요. 하지만 꽃을 피우지 못하면 생명을 이어가지 못합니다. 모처럼 생명을 갖고 태어나 꽃피울 수 있는데, 열매도 맺지 못한다면 정말 아깝지 않나요?

"인연과 직감을 따라 살아간다"고 말씀하신 마쓰시게 씨는 아마도 평소부터 원인, 즉 인연의 '인'을 매일매일 잘 만들어 오신 분일 겁니다.

마쓰시게 그러길 바라지요. 저와 같은 배우는 영화나 TV에 출연해도 결과가 나오지 않으면 거기서 끝나는, 냉정한 승부의 세계 속에서 살아가야 하는 일입니다. 그래서 어떤 역할이 주어지든 대응할 수 있는 정신 상태와 역량을 갖추고 싶습니다.

제가 NHK의 아침 연속극 〈컴컴 에브리바디Come Come Everybody〉(2021)에서 시대극 배우 반 쿄무조 역을 맡았을 때인데요, 이런 대사가 있습니다.

"날마다 단련해서 언제 올지 모르는 기회를 대비하라."

인연을 준비하는 데 꼭 필요한 말이지요. 하지만 정작 제가 그 말을 그대로 실천하고 있는지는 잘 모르겠네요. 어쩌면 제가 선禪의 사고방식에 매력을 느끼기 때문인지도 모르겠습니다만, 인연을 준비하는 과정은 마치 매일 수행하는 것과 같다고 생각해요.

그렇다고 해서 거창한 수행을 하는 건 아니고, 저한테는 그냥 매일 청소하는 정도랄까요. 그런 작은 일들을 꾸준히 해나가는 게 저만의 수행인 것 같아요.

불교 마음 수업

40대에 만난 「십우도」

마스노 청소는 여러분들이 일상에서 할 수 있는 훌륭한 수행입니다. 이것은 앞으로 차차 말씀드리죠. 아무튼, 신비한 인연에 이끌린 것처럼 마쓰시게 씨가 「십우도」에 관해서 이야기하자고 제안했죠. 쉬운 주제는 아니긴 합니다만(웃음).

마쓰시게 사실 저도, 제안을 해도 될지 고민했습니다. 그러나 마스노 선생님과 모처럼 대화할 수 있는 기회이니 꼭 여쭙고 싶었습니다. 오로지 선생님에게 가르침을 받겠다는 마음으로 여기에 왔습니다.

마스노 제가 「십우도」를 전문적으로 연구한 것은 아니지만, 선禪 사상을 덧붙이면서 이야기하면 좋겠지요. 그런데 어떻게 「십우도」를 알게 되셨나요?

마쓰시게 저는 배우라는 직업을 갖고 있었지만 30대 중반까지 아르바이트로 생계를 꾸려야 했습니다. 내가 좋아서 배우를 선택했고, 그 선택이 옳다고 생각했어요. 그러나 배우 일을 하면서 가족을 부양하는 일은 쉽지 않았습니다. 현실은 냉정했고, 경제적으로 매우 어려운 시기를 보냈죠.

　　40세가 되어서야 TV에 얼굴을 비출 수 있게 됐고 드디어 월급을 받았지만, 직장인 평균에도 미치지 못했습니다. 그러자 또 다른 고민과 막막함이 밀려왔습니다. '이대로 괜찮은 걸까?' 하고요.

마침 그 무렵에 교토의 고류지廣隆寺에서 미륵보살을 만났습니다. 이것을 계기로 『반야심경』*을 읽고, 좌선하는 '참선 모임'에 참가하기 시작했습니다. 「십우도」라는 그림을 알게 된 것도 그 무렵입니다.

「십우도」에 대해서는 앞으로 마스노 선생님이 자세하게 설명해 주실 것입니다. 그에 앞서 제가 간략하게 요약하면 「십우도」는 동자가 소를 찾아 나아가는 여정을 10단계로 나누어서 그린 것이죠(24~25 페이지 참조). 그 이상도 그 이하도 아닙니다. 기승전결이 있는 것도 아니고, 각각의 그림이 하나의 독립된 이야기처럼 느껴지기도 합니다. 게다가 단순해서 오히려 상상력을 더 자극하죠.

저는 이 「십우도」가 나의 앞길을 밝혀주는 그림, 즉 '인생의 나침판이 될 수 있지 않을까?'라고 생각했습니다.

마스노   진정한 삶이란 무엇일까? 생명을 가지고 태어난 우리는 어떻게 살아야 이 세계에 보탬이 될 수 있을까… 이것을 사회 환원이라고 말할 수도 있겠지만, 그런 삶의 방식을 깊이 생각하다 보면 「십우도」의 주제와 같은 지점에 도달

•   『반야심경般若心經』: 반야 경전의 핵심 사상인 공사상을 요약하여 압축적으로 풀어낸 불교 경전으로, 약 260자의 한자로 이루어져 있다. 마지막에 진언(만트라)이 포함되며, 전 세계 불자들에게 널리 독송되고 있다.

하게 됩니다.

젊은 시절에는 많은 사람이 자신이 하고 싶은 일, 목표로 하는 방향으로 무작정 달려갑니다. 그래서 차분히 생각할 시간이나 여유를 갖지 못하는 것은 어쩔 수 없는 일입니다. 젊음의 주변에는 하고 싶은 일들이 널려 있으니까요. 잠깐 멈추어 생각할 시간조차 부족합니다.

오늘날에는 나이를 불문하고 그런 것 같습니다. 세상은 더욱더 복잡해지고, 삶은 예전과 다른 의미에서 힘들기 때문입니다. 하지만 선의 수행은 먼저 '나란 누구인가'를 깊이 생각하게 합니다.

"진정한 나란 무엇인가?"
"진정한 나의 삶이란 어떤 모습인가?"
"진정으로 가치 있는 삶이란 무엇인가?"

「십우도」는 이런 인생의 고민을 생각해 볼 수 있는 계기를 마련해 줄 것입니다. 그래서 「십우도」는 남녀노소를 불문하고 살아있는 모든 사람에게 해당하는 이야기일 것입니다.

____ '나'를 마주하는 가장 좋은 타이밍

마쓰시게 「십우도」 그림은 선악의 가치관을 넘어선 것 같아요. 그것이 제가 이 그림에 매력을 느끼는 이유이기도 합니다.

마스노 네, 그렇습니다. 「십우도」는 선악으로 판단할 수 있는 이야기는 아닙니다. 현대 사회는 모든 것을 선과 악으로 나누려는 경향이 있지요. 그래서 그런 이분법에 지쳐버린 사람도 많을 것 같고요.

마쓰시게 네, 정답을 명쾌하게 제시하는 것이 아니라서 모호하지만, 매우 시사하는 바가 크다는 생각이 듭니다. 정답이 없을 수도 있지만, 각각의 그림이 어떤 의미인지, 무엇을 말하고자 하는지 매우 궁금합니다.

지금은 다양한 세대나 다양한 업종의 사람들과 부담 없이 대면해 이야기하는 것이 쉽지 않은 세상이 되었습니다. 예를 들어 환갑을 맞은 제가 지금까지 걸어온 길, 이른바 조금 더 오래 산 인생 선배의 자아 찾기 여정을 젊은 사람들에게 전하고 싶어도 좀처럼 기회가 오지 않습니다. 그래서 마스노 선생님과 이렇게 가까이 앉아 이야기 나눌 수 있는 절호의 기회를 저 혼자만 독차지하면 나중에 벌을 받을 것 같다는 생각이 들었습니다. 그래서 이 대화를 많은 분들과 나누고 싶었죠.

불교 마음 수업

사람은 살면서 누구나 자기 자신과 마주해야 할 때가 찾아옵니다. 그럴 때 우리에게 삶의 방향을 제시해 줄 「십우도」를 주제로, 마스노 선생님께서 이야기를 들려주신다면 무척 흥미롭겠다고 생각해서 이 자리를 마련했습니다.

마스노 그렇군요. 공자는 40세를 일컬어 불혹不惑이라고 했지만, 젊은 시절은 물론이고, 나이가 들어도 여전히 갈피를 잡지 못하는 경우가 많습니다. 지금껏 앞만 보고 달려왔지만, 문득 멈춰 섰을 때 아직도 내가 어디 서 있는지 모르겠고, 길이 보이지 않아 막막하다는 분들도 많습니다. 마쓰시게 씨처럼 60세를 맞이한 분 중에도 앞으로의 삶을 어떻게 살아야 할지 고민하는 경우가 많다는 것이죠.

마쓰시게 맞아요. 사실 저 역시 60세를 맞이하면서, 앞으로 남은 인생을 어떻게 살아가야 할지 곰곰이 생각해 봐야겠다고 생각하고 있습니다. 마스노 선생님, 독자 여러분과 제가 가게 될 '소를 찾는 여정'에 길잡이가 되어주시길 부탁드립니다.

한눈에 보는 「십우도」

십우도는 불교에서 선의 수행 단계를 소와 동자에 비유하여
도해한 그림으로, 소를 찾는 10단계의 수행 단계를
묘사하고 있어 「십우도十牛圖」라 한다.

1. 심우尋牛

소를 찾아 나서다

소는 도대체 어디에 있을까?

2. 견적見跡

소의 발자국을 발견하다

길 위에 남겨진 소의 발자국을 찾다.

3. 견우見牛

소를 만나다

나무 그늘 속에 소의
엉덩이가 보인다.

4. 득우得牛

소를 잡다

소를 잡으려 하지만 소가 날뛰는
바람에 잡히지 않는다.

5. 목우牧牛

소를 길들이다

소를 겨우 길들여서 한시름 놓는다.

6. 기우귀가騎牛歸家

소를 타고 집으로 가다

소 등에 올라탄 동자, 집으로 돌아간다.

7. 망우존인忘牛存人

소를 잊고 자신을 찾다

집에 돌아와서 편히 쉬는 동자.
이제 소의 존재는 잊어버렸다.

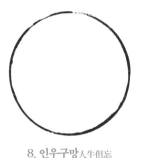

8. 인우구망人牛俱忘

소와 자신을 모두 잊다

마침내 자신이 있어야 할 곳,
아무것도 없는 무無의 세계에 도달한다.

9. 반본환원返本還源

근원으로 돌아가다

동자도 소의 모습도 사라지고
오직 자연의 풍경만이 펼쳐진다.

10. 입전수수人廛垂手

사람들 속으로 들어가다

부드럽고 너그러운 모습의 동자는
이제 세상 속으로 걸어 나가다.

1장

마음 수업 전에
준비할 것들

마스노 선생님,
「십우도」란 대체 무엇인가요?

_____ 깨달음에 이르는 길이 담긴 열 장의 그림

마쓰시게　마스노 선생님, 바로 질문드립니다. 도대체 「십우도」란 무
엇인가요?

마스노　우선 '선禪'에 대해서 잠깐 맛보기로 살펴볼까요?

'선은 무엇인가?'라는 질문에 제대로 답하려면 수백 쪽
의 책이 나올 것 같아서 한마디로 아주 간단히 말씀드리
면, 선은 '몸으로 실천하는 철학'이라고 할 수 있습니다.
철학은 '학문'이지만, 선은 몸으로 실천하고 증명해 나가
는 것이기 때문에 '행行'입니다. 그래서 '행'을 닦는 것이
'수행修行'입니다. 수행을 통해 스스로 '아, 이런 것이었구

나'라는 깨달음을 얻는 것이 선의 사상입니다. 그리고 그 지표로서 「십우도」가 있습니다.

마쓰시게 　아, 그래서 청소도 수행이군요.

마스노 　맞습니다. 절에 들어가지 않아도 일상에서 할 수 있는 수행은 많습니다. 그중에서도 청소는 가장 쉽게 부담 없이 할 수 있는 수행 중 하나입니다. 수행으로 얻을 수 있는 것에 대해 할 이야기가 많지만, 지금은 「십우도」에 대한 대략적인 설명을 먼저 하겠습니다.

마쓰시게 　네, 부탁드립니다.

마스노 　「십우도」는 중국 송宋나라(북송北宋, 남송南宋을 합해 960~1279년) 시절에 만들어진 '선의 입문서' 같은 것으로, 이 열 장의 그림에 깨달음에 이르는 길이 담겨 있습니다. 깨달음이라고 하면 어렵게 들릴지 모르지만, 우리가 살아가야 할 삶 자체를 그려놓은 것 같다는 생각이 듭니다.

마쓰시게 　「십우도」는 원래 누구를 위해 그려진 것일까요?

마스노 　원래는 일반인이 아닌 선 수행 스님을 위한 그림입니다. 자신이 지금 어느 단계에 와 있는지를 알 수 있도록, 선 수행 단계를 소와 동자에 비유하여 도해(글의 내용을 그림으로 풀이함)한 것이지요. 한 가지가 아닌 여러 형태의 그림이 있고, 일본에서도 가마쿠라 시대나 무로마치 시대에 많이 그려졌습니다. 처음엔 여덟 개의 그림만 있었던 것 같습

　　　　　　　　　　　　　불교 마음 수업

니다.

마쓰시게 여덟 번째라면, 수수께끼의 하얀 공간으로 그려진 그림을 말하는 것이군요.

마스노 맞습니다. 역시, 잘 알고 계시네요.

마쓰시게 전혀요. 「십우도」를 어렵다고 느끼게 만든, 이해하지 못하겠다고 생각한 첫 번째 난관 중 하나가 그 그림이었습니다.

마스노 나중에 자세히 설명하겠지만, 여덟 번째는 「인우구망」입니다. '번뇌도 깨달음도 초월한 그곳에 절대적인 진리가 있다'의 단계입니다. 그리고 그림에는 아무것도 그려져 있지 않습니다. 속이 비어있는 원 하나만 그려져 있을 뿐입니다. 미혹이 하나도 남아 있지 않은, 깨달음에 도달한 단계입니다.

송나라 시대의 선승 곽암선사廓庵禪師는 이 깨달음에 도달한 이후 아홉 번째와 열 번째, 두 개의 그림을 덧붙였습니다. 그것이 지금 가장 잘 알려진 「십우도」입니다. 이 열 개의 그림에는 깨달음에 이르렀다고 해서 끝이 아니라는 뜻이 담겨 있지요. 여덟 번째 뒤로 이어지는 두 장의 그림은 꽤 재치 있게 그려져 있습니다. 나중에 보여드릴 테니, 기대해 주세요.

지금, 나는 어느 단계에 와 있을까

마스노 선 수행의 단계는 아까 말씀드린 대로 몸으로 체득해 나가는 수밖에 없습니다. 눈으로 보고 확인할 수 있는 것이 아니기 때문이지요. 그래서 수행자의 스승만이 현재 어느 정도까지 도달했는지는 알 수 있습니다. 가르치는 사람이 수행자의 수행 단계를 지켜봅니다. 그리고 마지막 단계에 이르면 '이제 됐다'라고 말하고 독립시키는 것이지요.

이렇듯 스승이 지켜보는 것 외에 달리 알 도리가 없기 때문에 수행하는 사람은 불안해지기 마련입니다. 그래서 스스로 지금 어느 단계에 있는지 알 수 있도록 시각화해서 만든 지표가 「십우도」입니다.

마쓰시게 그렇군요. 스승과 제자의 관계에서 이런 지침이 있다는 것은 시스템으로서도 매우 좋은 것 같습니다. 부럽기도 합니다. 제 나이쯤 되면 누군가에게 가르침을 받거나, 다른 이에게 좋고 나쁨에 대한 판단을 맡기기가 어려워집니다. 항상 스스로 기준을 정하고 해나가야 하지요.

마스노 지금 '스스로 기준을 정한다'고 말씀하셨는데, 그 자세가 매우 중요합니다. 현재의 자신이 마음속의 또 다른 자신에게 질문하는 거죠. '이것으로 충분한가?' 하고요. 그러면 '더 대담하게 나아가는 것이 좋지 않을까?'라고 생각하거

불교 마음 수업

나, '좀 더 세상의 이치에 따르는 게 낫지 않을까?'라는 생
각들이 떠오르면서 자신과의 대화가 시작됩니다.

마쓰시게 맞습니다. 매일같이 자신과 마주하며 질문하게 됩니다.

마스노 그렇게 자기 자신과 마주할 때 중요한 기준이 되어주는
것이 바로 이「십우도」입니다.

마쓰시게 군더더기 없이 단순한 이 열 장의 그림이 현대를 살아가
는 우리에게도 충분히 지침이 된다는 점에서, 큰 희망을
느낍니다.

마스노 송나라 시대의 그림이 오늘날까지도 변함없이 우리에게
받아들여질 수 있다는 것은, 그 안에 진리가 담겨 있기 때
문일 것입니다. 본격적으로「십우도」를 살펴보기 전에, 길
을 조금 돌아서 가도 될까요?

마쓰시게 물론입니다.

마스노 조금 전에 '매일같이 자신과 마주한다'고 말씀하셨는데,
그 '자신'은 누구라고 생각하세요?

마쓰시게 글쎄요, 마음속의 또 다른 자신이 아닐까요? 말로 명확하
게 표현하기는 어렵네요.

마스노 이때의 자신은 선에서 말하는 '본래의 나'입니다.

마쓰시게 본래의 나….

마스노 '진정한 나'로 바꾸어 말하면 이해하기 쉬울 것 같아요. 그
리고 그 '진정한 나'는 본래 구름 한 점 없는 맑고 아름다

운 마음을 가지고 있습니다. 이 땅에 태어나 모든 생명이 그렇습니다. 누구나 귀중한 보석 같은 '진정한 나'로 이 세상에 태어났습니다. 하지만 성장함에 따라 집착이라든가 번뇌라든가, 그런 것들에 휩싸여서 점점 진짜 내 모습이 보이지 않게 되는 것이지요.

마쓰시게   아, 왠지 저의 번뇌는 백팔번뇌로 끝나지 않을 것 같군요…. 갓 태어난 영혼이라고 할까, 본래 있는 그대로의 자신이, 그런 집착이나 번뇌에 점점 사로잡히게 되는 것이로군요.

── 이기심은 불필요한 체지방 같은 것

마스노   네, 맞습니다. '저걸 갖고 싶다, 이걸 갖고 싶다, 저렇게 되고 싶다, 이렇게 되고 싶다' 같은 욕망이 불거지면, 그것들이 우리의 순수하고 아름다운 마음을 덮어버리게 됩니다. 이런 욕망을 '아욕我欲'이라고 합니다. 아욕은 마치 체지방과도 같아서, 티 없이 맑고 아름다운 마음에 철썩 들러붙습니다. 그러다 보면 여러분 안에 있던 아름다운 마음이 가려져 점점 보이지 않게 되는 것입니다.

    몸의 대사증후군은 의사에게 진료받거나 운동으로 치

료하면 개선이 되지요. 그러나 마음의 체지방은 스스로 깨닫는 것 외에는 방법이 없습니다. 스스로 깨닫고, 그것을 덜어내어 본래 내 안에 있는 '진정한 나'에게 돌아가는 것, 이것이 바로 선禪의 세계입니다.

그 불필요한 체지방을 빼기 위한 행동이 선의 수행이라고 할 수 있습니다. 수행을 통해 마음속에 쌓인 불필요한 체지방을 조금씩 줄여나가는 거죠. 체지방을 완전히 없앨 수는 없지만, 최대한 가볍고 건강하게 만들어서 '진정한 나'를 잃지 않도록 하는 것입니다.

믿음도 좋지만,
우선 청소부터!

_____ 절의 공기는 왜 상쾌할까요?

마쓰시게   조금 전에 청소도 일상의 중요한 수행 중 하나라는 말씀
         하셨는데, 그 부분에 대해 좀 더 말씀해 주실 수 있나요?
         마스노 선생님의 절을 방문하면 항상 복도나 해우소가 반
         짝반짝 빛납니다. 그런 공간에서는 평소처럼 가볍게 들어
         가면 안 될 것 같은 기분이 듭니다. '절대 더럽히면 안 된
         다'라는 생각이 들고 마음을 다잡게 되더군요.

마스노   요컨대 핵심은, 어떻게 하면 맑고 엄숙한 공기를 유지할
         수 있을까? 입니다. 그것은 보이지 않는 노력으로 이루어
         지는 매우 중요한 것이지요. 왜냐하면, 절을 찾는 분들은

마음을 편안하게 하려고 오시는 분들이니까요. 각자의 복잡한 감정을 품고 오시는 분들을 따뜻하게 감싸안을 수 있는 청정한 공간을 준비하는 것이 우리의 역할이라고 생각합니다.

마쓰시게 그렇군요. 절은 속세에서 오염된 마음의 찌꺼기를 깨끗하게 씻어주는 장소라고 할 수 있을까요? 절을 찾으면 마음이 움츠러들 틈조차 없게 되거든요.

마스노 안심이 되죠. 또 그런 편안한 상태에서 해방감이 느껴지잖아요.

마쓰시게 여기 겐코지建功寺 절에서 말씀을 들을 수 있는 것도 참으로 운이 좋다고 생각합니다. 이곳의 마룻바닥 상태처럼 맑은 정신을 계속 유지할 수 있으면 좋겠다는 생각이 들었어요. 매일 그 긴 복도를 손걸레질로 반짝반짝하게 닦아내는 그 마음가짐이, 사물 하나하나에 깃든 정성과 단정함으로 이어지는 것 같았습니다.

마스노 선생님이 하시는 정원을 가꾸는 일에도, 저와 같은 배우 일에도 그리고 사회에서 다양한 역할을 맡고 계시는 분들에게도 마찬가지로, 이 반짝이는 복도를 자신의 마음속에 만들 수 있느냐가 중요한 것 같습니다. 단순히 청소라고만 치부할 수 없는, 아주 큰 비밀이 그 안에 숨겨져 있는 것 같다는 생각이 듭니다.

우선은 청소, 믿음은 청소가 끝난 다음에

마스노 　선에서는 '일소제이신심―掃除二信心'이라고 합니다. 일반
적으로 신심(어떤 것을 옳다고 굳게 믿는 마음)이 먼저이고 청
소가 나중일 거라고 생각하겠지만, 청소가 '첫째'입니다.
더러워서 걸레질하는 것이 아니라, 내 마음의 티끌이나
때를 없애기 위해서 청소한다는 뜻입니다. 자신의 마음을
닦는다는 기분으로 걸레질을 하라는 것이지요.

마쓰시게 　우리 집 주방의 스테인리스와 화장실 청소는 제가 합니
다. 특히 기름때 같은 것은 아내가 그만하라고 할 정도로
열심히 지우죠.
　　　지인 중에서도 업무로 지쳤을 때 반짝이는 것을 여러
번 닦아 광을 내야 직성이 풀린다는 사람이 있어요. 마음
이 답답할 때 그렇게 닦는 일에 몰두하다 보면 왠지 모르
게 잡념이 사라지는 것 같아요.

마스노 　그런 것이 생활에서 모든 행동으로 나타나게 되는 거죠.
'선 수행이란 어떤 것인가요?'라는 질문을 받으면 한 마디
로 말하기 어렵지만, 우선은 하나하나에 정성을 다해서
진심으로 하시라고 말씀드립니다. 정성을 다한다는 것은
생명을 불어넣는 것이니까요.
　　　선에는 '행주좌와行住坐臥'라는 말이 있습니다. 행行은

　　　　　　　　　　　　　　　　　불교 마음 수업

걷는 것, 주住는 머무는 것, 좌坐는 앉는 것, 와臥는 잠자는 것을 의미합니다. 즉, 살아 있는 한 자신의 모든 행동이 수행이라는 뜻입니다. 무엇을 하든 정성을 다해 진심으로 하라는 뜻이지요. 물건을 놓을 때도 아무렇게나 놓을 것이 아니라 두 손을 잡고 감싸서 놓으면 그곳에 마음이 깃들게 됩니다. 한순간 한순간을 정성스럽게 보내다 보면 마음도 차분해지고 흐트러짐이 없어집니다.

—— 하나의 행동에 온 마음과 정성을 쏟다

마쓰시게 그 느낌, 저도 잘 알아요. 저는 배우 일을 하면서 오랫동안 아르바이트를 했어요. 중국집이나 건설 현장, 수산시장에서 이른 새벽부터 일한 적도 있습니다. 아르바이트였지만, 그 일에서 기쁨이나 사명감을 느낄 때가 많았어요. 설거지 하나만 해도 그렇습니다. 접시를 사용할 사람의 마음을 헤아리면서, 깨끗이 닦고 깔끔하게 정리했습니다. 이러한 경험은 배우로서 일을 해나가는 데 큰 도움이 됐습니다.

청소가 좋다는 것은 다들 머리로는 알고 계시겠지만, 정말 그 일에만 온전히 집중해보면 놀라울 정도로 마음이 상쾌해져요. 이것은 실제로 손을 움직여보지 않고서는 절대 알 수 없는 느낌입니다.

마스노　그렇군요. 선사禪寺(선을 위주로 하는 절)의 수행은 정말로 매일 같은 일의 반복입니다. 아침 일찍 일어나서 좌선하고, 아침 불공을 드리고, 청소하고, 걸레질하고…. 그 하나하나의 동작, 움직임에 자신의 온 마음과 정성을 담는 것입니다. 단순히 걸레질하는 것이 아니라 내 마음을 닦는다는 생각으로 닦으면 그 행위를 대하는 태도 자체가 달라집니다.

선사에서도 먼지가 많아서 닦는 것이 아니라, 자신의 마음을 닦는다고 생각하고 먼지를 떨어내는 것이라고 가르칩니다. 처음에는 청소가 왜 그렇게 중요한지 이해하기 어려울 수도 있지만, 청소를 계속 하다 보면 점점 기분이 좋아지고, 깨달음을 얻게 되는 거죠.

생각하기 전에
몸을 움직여라

───── 비를 막아야 하는데 소쿠리를 건넨다고!?

마스노　선에서는 생각하기 전에 움직이라고 합니다. '왜 매일매일
　　　　청소를 하는가? 그 이유는 뭘까?'라는 고민을 해서는 안
　　　　됩니다. 생각하기 시작하면 판단이 개입되기 때문입니다.
　　　　좋고 나쁨을 뛰어넘어서 몸으로 무엇을 느끼는가가 중요
　　　　합니다. 몸으로 느끼고 나서야 비로소 무엇을 얻을 수 있
　　　　는지 알게 되는 거죠.

마쓰시게　현대 사회에서는 아무래도 머리로 생각하는 것을 우선시
　　　　하는 경향이 있는 것 같아요.

마스노　그렇죠. 무슨 일이든 머리가 먼저 움직이지요. 그것은 결

과나 답을 빨리 얻고 싶기 때문입니다. 저희의 대회가 담긴 이 책도 그냥 읽고 덮어버리기엔 아까운 내용이 아주 많은 데 말이죠.

머리가 아닌 행동, 특히 즉시 행동하는 것에 관한 좋은 이야기가 있어요. 교토의 묘신지妙心寺라는 사찰에서 있었던 일화입니다. 그곳이 지금처럼 멋진 불당을 갖추기 전, 허름한 건물에 비가 새던 시절의 이야기입니다.

비가 추적추적 내리는 어느 날, 관산선사関山禪師라는 분이 제자들에게 '비를 막을 것을 가져오라'고 했습니다. 그러자 모두들 나무통을 찾으러 여기저기로 사라져 버렸습니다. 그런데 한 제자는 바로 옆에 있던 소쿠리를 들어 관산선사에게 건네주었습니다. 그 모습을 본 다른 제자들은 소쿠리는 당연히 물이 샐 테니 선사가 화를 낼 거라고 생각했습니다. 그런데 관산선사는 그 제자를 칭찬했습니다. "소쿠리에 비가 새면, 또 다른 방법을 찾으면 된다. 통이 아니면 안 된다고 생각하면서 머리로 고민하다가 시간을 허비하는 것이 더 나쁘다"라고 한 것이지요. 묘신지에는 '안 되면 다시 또 하라'라는 이야기가 전해지고 있습니다.

마쓰시게 모든 비즈니스에 적용할 수 있는 교훈이네요. 선은 정말 삶의 지혜가 가득한 보물창고인 것 같아요.

42   불교 마음 수업

매일 아침 30분 일찍 일어나기

마스노 '선즉행禪卽行'이라는 말처럼, 선은 일단 행동하고 움직여 보는 것입니다. 안 되면 다음으로 넘어가면 되죠. 그렇게 하다 보면 새로운 아이디어가 떠오를 수도 있습니다. 그러니까 속는 셈치고 다들 청소를 한번 해보시기를 권합니다.

너무 바빠서 청소할 시간조차 없다고 생각한다면, 우선 아침 30분 만이라도 평소보다 일찍 일어나 보는 것은 어떨까요? 30분 일찍 일어나면 집안일이든 일이든 시작하기까지 시간적 여유가 생깁니다. 그러면 오늘 해야 할 일을 미리 머릿속으로 정리할 수 있습니다. 그리고 그중 딱 10분만 청소에 할애해보세요. 너무 무리하지 말고 요일별로 청소하는 장소를 정해두면 청소를 지속하는 것이 더 쉬워집니다.

예를 들어, 월요일은 현관 주변, 화요일은 부엌, 수요일은 화장실과 목욕탕인 거죠. 5일에 나눠서 조금씩 청소를 해두면 주말이 훨씬 편해집니다. 그리고 10분이라도 청소를 하면 아까 말씀드린 것처럼, 매일 아침 마음을 정화하는 효과를 얻을 수 있습니다. 맑은 마음으로 하루를 시작할 수 있게 되는 거죠.

큰일이다, 늦잠 잤어! 하고 서둘러 집을 나서면 꼭 뭔가를 또 깜빡하고 다시 집으로 허둥지둥 돌아오는 경우가 있지 않나요? 그렇게 하루를 시작하는 것보다, 조금 여유를 가지고 출발하면 더 알찬 하루를 보낼 수 있지요. 어떻게든 늦잠을 만회하기 위해 서두르다 보면 회의에서 발언을 제대로 하지 못하거나 서류를 분실하는 등 일이 꼬여서 결국 '제대로 되는 일이 하나도 없는 하루'로 끝나버리게 될 수도 있어요. 그런 후회들이 쌓여 인생에 영향을 끼칩니다.

인생을 바꿀 수 있는 핵심은, 하루를 어떻게 잘 시작하느냐에 달려 있습니다. 30분 일찍 일어나서 단 10분이라도 청소해 보세요. 사소해보여도 사실은 매우 중요한 일이에요. 일단 시작하면 어려운 것은 없습니다. 여러분도 꼭 동참해 주셨으면 합니다.

우선 딱 100일만 해보기

마쓰시게   작심삼일로 포기하는 사람도 많은 것 같은데요….

마스노   우선은 100일만 해보셨으면 합니다. 100일을 계속하면 조금씩 습관이 됩니다. 100일을 해내면 금방 1년으로 이어집니다. 그리고 이것이 3년으로 늘어나면 몸에 익어서 자신의 것이 됩니다. 처음에는 흉내만 내면 됩니다. '배운다'는 말은 원래 '흉내를 내다'라는 뜻에서 왔습니다. 일단 좋다고 생각되면 흉내를 내고, 100일 동안 계속해서 해보면 됩니다. 그러면 어느새 몸에 익숙해져요. 3년을 지속해서 꾸준히 하면 흉내가 아니라, 진짜 내 것이 됩니다. 흉내로 시작한 것이 진짜로 바뀌는 것이지요.

마쓰시게   우선 100일이라면, 마음을 다잡고 시작해 볼 수 있을 것 같네요.

마스노   맞아요. 어떤 일을 하기로 마음먹었다면, 일단 꾸준히 해보는 것이 중요합니다. 하지만 지금은 정보가 넘쳐나는 시대라, 이것도 좋고 저것도 좋아 보이죠. 그렇게 정보에 휘둘려서 우왕좌왕하게 됩니다. 지금 하는 일보다 좀 더 쉽고 빠르게 결과가 나온다고 하면 바로 그쪽으로 넘어가 버리죠. 그러면 아무것도 몸에 배지 않습니다. 이것이 현대인의 특징입니다. 하지만 어떤 사람은 딴청 부리지 않고 끈기있게 하지요. 그런 사람은 성공합니다.

마쓰시게   현대는 방황하는 사람이 많은 사회입니다. 방황할 때, 가까운 사찰에 가거나, 선승의 이야기를 들을 수 있으면 좋겠다는 생각이 절실히 드는 순간도 있습니다. 하지만 그것이 어렵다면, 청소를 습관화하는 것만으로도 무언가 달라지기 시작할지도 모르겠네요.

눈앞에 있는 일에 집중하면
생각보다 많은 게 보인다

───── '다른 것을 하면서' 하지 않기

마스노 　조금 더 욕심을 낸다면, 아침 10분 청소를 하고 거기에 10분 좌선을 해주시면 더욱 좋습니다. 그리고 나머지 10분은 신문을 읽거나 원하는 일에 사용하시면 됩니다. 하지만 여기서 중요한 것은 '다른 것을 하면서' 하지 않는 것입니다.

마쓰시게 　두 가지 일을 동시에 하지 않는 것이군요. 현대인들에겐 꽤 어려운 일일지도 모르겠어요. 무심코 스마트폰에 손이 가기도 하고, 주변에 유혹하는 것이 널려 있지요.

마스노 　그렇지요. 다들 바쁘시잖아요. 하지만 스마트폰을 보거나

TV를 보면서 음식을 먹어서는 안 됩니다.

마쓰시게 지금 하는 일, 눈앞의 일에 집중해야 한다는 말씀인가요?

마스노 맞습니다. 눈앞의 한 가지에만 집중해야죠. '다른 것을 하면서' 하면 마음이 정리되지 않습니다. 이야기에서 좀 벗어날 수도 있지만, 한 연구 사례를 들려드리겠습니다.

마쓰시게 네, 부탁드립니다.

마스노 어떤 의사가 학생들에게 간단한 산수 문제를 주고, 1분 동안 몇 문제를 풀 수 있는지 실험했습니다. 한 반의 학생들은 좌선을 시키고 나서 문제를 풀게 했습니다. 그러자 좌선하지 않은 반보다 정답률이 20퍼센트나 높아졌다고 합니다. 다른 학교에서도 마찬가지였습니다. 마음을 가다듬은 학급 모두 정답률이 더 높았어요. 마음을 안정시킨다는 것은 결국 호흡을 가다듬는 것입니다. 호흡을 통해 불안을 다스리면 능력을 더 잘 발휘할 수 있게 되는 것이지요.

또 다른 연구도 있습니다. 사람은 긴장하면 혈관이 수축해서 혈류량이 15퍼센트 정도 줄어든다고 합니다. 그런데 좌선을 하면 마음이 차분해지고 혈관이 이완된다고 합니다. 그러면 혈류량이 증가해요. 20퍼센트에서 25퍼센트 정도 좋아진다고 하네요.

예를 들어, 야구에서 같은 실력의 투수와 타자가 있다고 가정해 봅시다. 호흡을 가다듬은 투수와 심장이 여전히 쿵쾅거리는 타자라면, 승부는 이미 정해졌다고 봅니다.

　이처럼 좌선의 효과는 과학적으로도 입증되어 충분한 근거가 있습니다. 만약 연설 등 많은 사람 앞에서 강연을 해달라는 부탁을 갑자기 받았을 때는, 단전*까지 내려보낸다고 생각하고 1~2회 정도 깊숙이 호흡하세요. 그러면 말을 잘할 수 있습니다. 마쓰시게 씨는 경험상 분명 잘 알고 계실 것 같은데요?

마쓰시게　단순한 이야기지만, 요즘은 면도할 때 전기면도기가 아닌 재래식 양날 면도기를 사용합니다. 이건 뭐, 아주 섬세해서 마음을 가다듬고 하지 않으면 피가 묻어나올 수 있지요. 거품을 내야 하니까 시간도 오래 걸립니다. 하지만 그 과정이 기분 좋게 느껴져요.

　음악도 LP 판으로 들으면 더 즐겁고, 자동차도 수동 변속기가 더 재미있어요. 커피를 내릴 때도 직접 원두를 갈아서 융 드립으로 추출하거나 하죠. 과정을 직접 경험하고 그것을 자기 안에 차곡차곡 쌓으면 결과적으로 마음이 차분해지는 것 같아요.

마스노　그러한 것을 계속하다 보면 생각하기 전에 자연스럽게 손

---

* 단전: 배꼽 아래 75밀리 정도 되는 곳으로 여기에 힘을 주면 건강과 용기를 얻는다고 한다.

이 움직이게 되지 않나요?

마쓰시게 네, 맞아요. 굳이 머리로 생각하지 않아도 자연스럽게 몸이 움직입니다. 그리고 점점 그렇게 하지 않으면 불편함을 느끼게 되는 것 같아요. 지금은 무엇이든 금방 할 수 있어서 모든 것이 그냥 자연스럽게 흐르는 느낌입니다. 사전을 보더라도 종이 페이지를 넘겨서 단어를 찾아보는 것이 전자사전보다 더 기억에 오래 남습니다. 그런 것에 가치를 부여하고 싶다는 생각이 최근 들어 더 강해졌어요. 이러한 것이 나이 탓인지는 모르겠지만요.

마스노 쉽게 찾아볼 수 있는 정보나 수고를 들이지 않고 얻는 정보는 금방 잊어버리게 되죠. 옛날처럼 도서관에 가서 책을 찾아서 문제를 해결할 경우는 쉽게 잊어버리지 않습니다. 컴퓨터나 스마트폰으로 검색해서 찾은 정보는 다음의 다른 단계로 넘어가면 또 쉽게 잊어버리고 다시 검색하기도 합니다. 결과적으로 어느 쪽이 더 빠른지 모르겠다는 생각도 듭니다.

약점도 알고 보면
강점으로 바꿀 수 있다

―――― 대면의 힘, 직접 배우고 느끼는 깨달음

마쓰시게 자기 몸을 활용해서 정보를 얻는 가치는 매우 크지요. 한편, 우리가 코로나19 전염병과 싸움을 이어온 지 꽤 오랜 시간이 흐르면서, 생활 환경이 바뀌고 몸을 활용할 기회가 많이 줄었습니다.

마스노 네, 해외에 쉽게 나갈 수 없는 상황이었었죠. 저도 그 이후로 해외에서 정원을 만들어달라는 요청이 들어오면, 온라인으로 진행하고 있어요.

마쓰시게 앗! 온라인으로요?

마스노 정말이에요. 스마트폰으로 현장을 촬영하고, 그것을 보면

불교 마음 수업

서 논의하는 것이지요. 하지만 힘들어요. 시간이 엄청나게 걸립니다. 물론 이것도 편리한 세상이 돼서 가능한 일이긴 하지만요.

마쓰시게　저도 한동안 방송 촬영이 중단되어 힘든 시기가 있었어요. 감독이 밀접 접촉자로 분류가 돼서, 배우의 연기를 모니터를 통해 원격으로 보고 연출하는 상황도 있었습니다. 회의나 사전 협의도 온라인에서 화상으로 하는 경우도 적지 않았어요.

그러다 보면 '사이'라고 할까요, 설명하기 힘든 틈이 생겨서 상대방과 호흡을 맞추기가 어려워요. 대면에서는 잠깐의 침묵에서도 말로 표현되지 않은 정보들을 받아들이며 상상하고 여러 가지를 떠올릴 수 있습니다. 하지만 온라인에서의 '사이'는 그저 다음 사람이 발언하기 위한 시간적 연결 고리일 뿐이에요….

저는 특히 영화든 뭐든 대사와 대사 사이, 행간에서 무엇을 느낄 수 있는지가 매우 중요하다고 생각하는 편입니다. 그래서 과연 이런 방식이 앞으로 괜찮을지, 제대로 살아갈 수 있을지 걱정되기도 합니다. 물론, 시대가 이렇게 변했으니 어쩔 수 없는 일이지만요.

마스노　선 수행에 '면수面授'라고 해서 대면을 통해 이루어지는 교육이나 지도 방식이 있는데, 얼굴과 얼굴을 맞대고 대화하는 것을 중요하게 생각합니다. 지금은 스님들도 화면을 통해서 '면수'하게 되었지만요. 그러다 보니, 다음 차례에 발언할까 하고 우물쭈물하는 사이에 회의가 끝나버리기도 하죠(웃음).

마쓰시게 이렇게 직접 만나서 이야기하면 호흡으로 여러 가지를 알 수 있어요. 분위기가 고조될 때면 쏜살같이 진행되다가도, 잠시 생각에 잠기면 속도가 느려지기도 하고요. 게다가 마스크를 쓰고 이야기를 하면, 서로의 얼굴에서 나오는 정보량도 절반으로 줄어듭니다.

마스노 두 사람이 마스크를 쓰고 이야기를 하면 거기서 또 절반으로 줄어들겠네요.

마쓰시게 맞습니다. 본래 대면하면 눈, 코, 입 등 얼굴 전체, 그리고 표정에서 나타나는 모든 것을 정보로 사용할 수 있지요. 마스크를 쓰고 이야기하면 그런 것이 부자유스럽죠. 하지만, 인류는 오랜 역사 속에서 전염병을 여러 번 극복해 왔잖아요.

_____ 포기하지 않고 고난을 마주하다

마스노 100여 년 전의 스페인 독감은 극복하는 데 3년이 걸렸어요. 헤이안 시대에도 전염병이 유행했고, 심지어 엄청난 수의 사람들이 죽어갔습니다. 그것을 모두 극복했기 때문에 오늘이 있는 것입니다. 과거에 비해 의학과 기술이 많이 발전했기 때문에 코로나19 팬데믹 기간도 1년에서 길어도 2년 안으로 끝날 줄 알았는데, 그렇지 않았지요. 여기서 알 수 있는 것은 기술이나 인간의 능력을 과신해서는 안 된다는 것입니다. 현실을 받아들이면서 어떻게 해야 할지 고민해야 한다고 생각합니다.

마쓰시게 그러네요, 현실을 받아들인다…. 전염병과의 인연이라고 말하면 이상하겠지만, 이 어려움을 직시하고 그것을 자신의 수행의 기회로 삼으면 좋을지도 모르겠습니다. 그러고 보니, 아르바이트를 하면서 만난 사람 중에 '난 원래 이런 일을 하기 위해서 태어난 게 아닌데'라고 말하며 비관적으로 생각했던 사람은 일에서도 관계에서도 오래가지 않았던 것 같아요.

냉소하거나 낙담하지 않고, 현실을 받아들이고, 똑바로 마주해야 해요. 언뜻 낭비라고 생각하는 시간을, 자신을 갈고닦는 수행의 시간으로 삼는 것이지요. 물론 말처럼 쉬운 일은 아니지만….

마스노 바로 그러한 것이 선의 사고방식입니다. 선은 단점을 장점으로 바꾸는 것입니다. 아무리 불리한 조건이라도 최소

한의 조건이 있으니 가능하다고 생각하는 것이 선의 발상입니다.

예를 들어, 제가 도쿄 중심부 시부야에 디자인한 세루리안 타워의 도큐호텔 정원(간자테이閑坐庭)은 원래는 도로와 5미터 정도의 높낮이 차이가 있는 곳에 만들어야 했습니다. 그래서 그 높낮이 차이를 극복할 수 있는 디자인이란 무엇일까, 고민했습니다.

또 시부야는 빌딩이 많은 곳이기 때문에, 그 지역 특성상 '선禪의 정원'을 만들어도 건물이 보일 수밖에 없었어요. 빌딩을 없앨 수는 없으니 말이죠. 그렇다면 장지문의 아래쪽 절반만 유리를 끼워 설경을 감상할 수 있게 하면 어떨까? 하고 생각했습니다. 최종으로는 장지문 대신 햇빛 가리개를 내려서 아래쪽만 정원을 보여주고 위쪽은 빛만 들어올 수 있도록 했어요.

그 결과 도로와의 높낮이 차이를 극복했고, 독특한 방식으로 빛을 받아들여서, 외부와 내부 공간이 부드럽게 연결되는 일본식 정원을 만들 수 있었습니다.

마쓰시게 제 경우, 처음 코로나19 긴급사태가 발효된 2020년의 4월, 5월은 모든 촬영이 중지됐어요. 아무것도 할 수 없게 되니 보이는 풍경마저 완전히 달라 보이더군요. 그래서 그 시간에 책을 쓰기로 마음먹었습니다.

불교 마음 수업

글을 쓰는 작업에 마음을 기울이다 보니 정신의 균형도 잡히고, 코로나19 상황이었기에 새삼 다시 보이는 것들도 있었습니다. 저는 그때 여러 편의 글을 썼습니다. 이 시기에 평소에 할 수 없었던 일을 시도한 분들이 많았을 것 같아요.

마스노 그것으로 괜찮다고 생각합니다. 스스로 생각하는 시간을 갖는 것이 중요하지요. 그런 의미에서 사람을 만나거나 외출이 제한된 코로나19 팬데믹 시기는 자신의 나아갈 길을 고민하고, 지금까지의 삶의 방식을 되돌아볼 수 있는 기회가 되었다고 할 수 있겠네요.

마쓰시게 네, 억지로라도 긍정적으로 생각하지 않으면 도저히 견딜 수 없는 시기였으니까요.

마스노 각자 처한 상황이 다르기 때문에 섣부르게 말할 수는 없지만, 코로나19 팬데믹 시기가 있었기 때문에 중요한 것을 깨달을 수 있었다는 식으로 조금이나마 자신을 긍정의 방향으로 이끄는 것이 좋겠지요. 비가 내려서 귀찮다고 생각하기보다는 비가 왔기 때문에 수국이 촉촉하게 젖어서 더 예쁘다, 이렇게 생각할 수 있으면 좋겠어요.

마쓰시게 네, 그렇죠. 그렇게 단점을 장점으로 전환하려는 노력 덕분에, 코로나19 상황이 끝난 지금은 이전과는 다른 나를 만나게 된 것 같습니다.

변하는 것과
변하지 않는 것

_____ 편리함이 사람을 퇴화시킨다!?

마쓰시게 생각해 보면, 코로나19 상황에서도 일을 할 수 있었던 것
은 인터넷 환경과 스마트폰, 컴퓨터가 있었기 때문이라고
할 수 있습니다. 마스노 선생님은 이러한 현대의 편리한
도구와 어떻게 관계를 맺는 것이 좋다고 생각하십니까?

마스노 편리한 것은 좋은 것이죠. 그것을 모두 부정하는 것은 아
닙니다. 정보화 사회가 나쁜 것이 아니라, 넘쳐나는 정보
에 휘둘리지 않고 스스로 선택하는 의식을 갖는 것이 중
요하다고 생각합니다.

마쓰시게 자신에게 필요한 것과 그렇지 않은 것을 잘 구분하는 것

불교 마음 수업

이 중요하다는 뜻이군요.

마스노 전부 다 안 돼요, 사용 금지!라고 말할 수는 없어요. 사실 저도 인터넷이나 스마트폰 덕분에 해외에 계신 분들과 소통할 수 있는 거니까요.

하지만 편리함이 인간의 능력을 잃게 만들 수 있다는 점은 마음 한구석에 꼭 간직해 두셨으면 합니다. 예를 들어, 스마트폰이 없던 시절의 우리 세대는 자주 통화하는 전화번호 20개 정도는 기본적으로 외우고 다녔습니다. 차를 운전할 때도 첫 번째 골목 신호등 옆에 주유소가 있고, 세 번째 신호등에서 좌회전하면 된다는 식으로 대략 길을 기억해서 목적지에 도착하곤 했었지요. 이제는 내비게이션을 사용하면 되니, 길을 외울 필요가 없지요. 전화번호도 스마트폰이 바로 알려주기 때문에 외울 필요가 없고요. 이런 식으로 우리의 기억은 능력을 잃어가고 있지요.

마쓰시게 그렇네요. 확실히 예전에는 머릿속에 전화번호부도 있고 지도도 있었습니다.

마스노 맞아요. 편리한 도구는 우리의 삶을 매우 풍요롭게 만들어 주었습니다. 동시에 우리가 잠재적으로 가지고 있던 능력은 사용하지 않으니 퇴화해 버렸지요. 그 점을 우리 스스로가 깨닫고 보완해야 한다고 생각합니다. 그렇지 않으면 우리의 퇴화는 앞으로도 계속 진행될 것입니다.

마쓰시게 　세상이 편리해지는 것은 시대의 흐름이기 때문에 막을 수는 없지만, 마스노 선생님의 말씀은 우선 그것을 깨닫는 것이 필요하다는 것이군요.

마스노 　우리 절도 지금은 진공청소기를 사용해요. 동시에 걸레와 빗자루로 직접 청소도 합니다. 손을 움직이는 것이 중요하다는 기본 전제는 계속 지키고 있습니다.

마쓰시게 　그렇군요. 시대가 변해서 도구를 사용하더라도 근본적인 선의 정신은 계속 지키고 있다는 말씀이군요.

마스노 　변화하는 것과 변하지 않는 것. 이 두 가지의 균형을 항상 고민하고 있습니다. 그리고 시대가 지나도 변하지 않는 것, 즉 100년 전이나 100년 후에도 바뀌지 않는 것이 바로 '진리'라고 할 수 있습니다. 하지만 진리라고 하면 너무 먼 곳에 있어 손이 닿지 않을 것 같은, 그런 느낌이 들지 않나요?

마쓰시게 　확실히 우리 일반인의 손에 닿지 않는, 아니 그보다도 훨씬 더 먼 곳에 있는 것 같은 느낌이 드는 것은 사실입니다.

　　　　　　　　　　　　　　　　불교 마음 수업

진리는 우리 주변에 넘쳐나고 있다

마스노 이런 옛이야기가 있습니다. 어떤 사람이 진리의 섬에 가고 싶다고 하자 "서쪽으로 가라"고 했습니다. 그 말대로 서쪽으로 가다가 "이제 도착했나요?" 하고 물었더니, "아니, 아직 서쪽으로 더 가야 한다"라고 했습니다. 그러다가 결국 한 바퀴를 돌고 돌아 원래 있던 곳으로 되돌아왔다고 합니다.

마쓰시게 만담 같네요.

마스노 이 이야기처럼 진리는 특별한 곳에 있는 것이 아니라, 사실 우리 주변에 넘쳐나고 있습니다.

예를 들어, 봄이 되면 따뜻한 바람이 불어옵니다. 그러면 나무들은 싹을 틔우고 꽃을 피우지요. 꽃이 피면, 따로 부른 것도 아닌데 새나 나비가 와서 꿀을 빨지요. 그렇게 자연스레 수분이 이루어지고 열매가 맺히게 되지요. 이것은 100년 전이나 100년 후나 변하지 않는 진리입니다. 어떠세요? 여러분의 주변에는 진리가 넘쳐나고 있지 않은가요?

마쓰시게 어렵게 생각할 필요가 없다는 것이군요.

마스노 그렇습니다. 그리고 이 진리를 어떻게 받아들이고, 자신의 근거지로 삼고 살아갈 것인가? 원래 이야기로 돌아가자면, 이 근거지야말로 진정한 나, 아름다운 마음을 가진 '본래의 나'를 찾을 수 있는 단서가 됩니다. 「십우도」는 그러한 진리가 단단히 응축된 것입니다.

마쓰시게 슬슬 소를 둘러싼 모험을 위한 준비가 끝난 것 같네요. 다음 장에서는 「십우도」를 주제로 좀 더 깊이 이야기를 나눠보려고 합니다.

마스노 아마도 길가에서 잠시 머물며 여유를 즐기는 일이 많아질 것 같지만, 그것 또한 흥미롭고 즐거운 여행이 될 거라 생각합니다.

불교 마음 수업

2장

소를 찾아 떠나는
여행의 시작

소는 어디에 있을까?
어떻게든 소를 잡고 싶다.

'진정한 나'를 찾아 나서다

우리가 찾으려는
소는 대체 무엇일까?

_____ 보이지 않게 된 것들

마쓰시게 첫 번째 그림은 「심우」군요. 한 명의 동자가 그려져 있습니다. 이야기가 막 시작된 장면이군요.

마스노 네, 소를 찾는 동자가 등장합니다. 그는 '소는 어디에 있을까? 어떻게든 소를 잡고 싶다'고 생각하며 주위를 둘러보고 있는 것 같습니다. 그런데, 이 '소'가 무엇을 의미한다고 생각하세요? 앞서 몸풀기 대화에서 이야기한 내용을 단서로 삼아 보세요.

마쓰시게 보이지 않게 되어버린 것…. '진정한 나', 즉 '본래의 자기 자신'일까요?

마스노　맞습니다. 소는 본래의 자아, 즉 '진정한 나'입니다. 다시 정리하자면, 진정한 나는 한 점의 티끌도 없는 아름다운 마음을 가진 자아였죠. 그 진정한 나는 세상의 진리와 함께 살아가는 존재입니다. 이 이야기는 바로 그 본래의 자아를 찾는 데서부터 시작됩니다.

마쓰시게　소를 볼 수 없는 동자는 이 단계에서 이미 마음의 대사증후군을 앓고 있다는 뜻이군요.

마스노　확실히 그렇게 말할 수 있겠네요. 소를 찾아서, 잡고 싶다고 생각하고 있지요. 동자는 소가 어딘가에 있다는 것을 어렴풋이 알고 있지만, 어디를 찾아야 할지, 어디로 가야 할지는 전혀 모르고 있지요.

마쓰시게　손을 쓸 엄두가 나지 않는 상태군요.

마스노　네, 맞아요. 사실 본래의 자아는 자신 안에 있기 때문에 바깥에서는 아무리 찾아도 발견할 수 없는 거지요. 하지만 지금 이걸 말해버리면 앞으로 펼쳐질 모험의 답을 미리 알려주는 셈이 되니, 여기서는 섣불리 나서지 말고 그저 그의 여정을 지켜보도록 하죠.

　　그런데, 마쓰시게 씨는 어렸을 때부터 배우가 되고 싶다고 생각하셨나요? 제가 이렇게 묻는 이유는요, 「십우도」의 각 단계가 특정한 나이를 규정하고 있지는 않지만, 이 소를 찾는 단계 「심우」는 특히 10대, 즉 사춘기 시절에

　　　　　　　　　　불교 마음 수업

대입해서 보면 이해하기 쉬운 부분이 있어서요.

사춘기란 앞으로 내가 무엇이 될지에 대한 꿈과 불안을 동시에 품는 시기잖아요.

───── 내 존재에 대한 고민이 시작될 때

마쓰시게 저는 어릴 때부터 키가 컸는데, 그게 오히려 제게는 콤플렉스였습니다. 남들이 보기에는 키가 큰 것을 부러워할 수도 있지만, 저는 정반대였어요. 큰 키에 대한 부담감이 엄청났어요. 키가 크면 주변에서 프로 운동선수 같은 모습을 기대하거든요. 뭐든 잘 치고 잘 던질 거라고요. 하지만 막상 해보면 저는 전혀 소질이 없었어요. 구기 종목은 정말 못 했고요. 그렇게 주변 사람들의 기대를 저버리는 상황이 계속됐죠. 남들과 다르다는 것이 점점 콤플렉스가 되었어요. 저의 자질을 어떻게 개발해야 할지 모르는 채, 말하자면 키만 커버린 거죠.

마스노 자신이 어떤 존재인지 고민하기 시작하는 계기는, 보통 주변 사람들과 내가 무엇이 다른지 비교하는 것에서 비롯됩니다. 내가 누구인지에 대해서는 학교에서도 가르쳐주지 않고, 부모조차도 답을 주지 않습니다. 애당초 답이 있는지도 알 수 없고요. 「심우」는 바로 그런 막연한 것을 찾아 나서기 시작하는 시기라고 할 수 있습니다.

마쓰시게　그런 한편으로, 운동신경도 별로 좋지 않고 단지 키만 컸던 제게는 사람들 앞에서 연극을 하거나 무언가를 연기하는 게 그리 어렵지 않았어요. 그냥 사람을 보고 그 사람 흉내 내면 주변에서 재미있다고 하더라고요. 유치원의 학예회나 놀이 시간에 친구가 대사를 잊어버리면, 대사를 몰래 알려주기도 하고, 결국에는 선생님의 연출까지 참견하기도 했었지요.

마스노　유치원에서요!?

마쓰시게　네. 초등학교에 들어가서도 마찬가지였습니다. 선생님이 말씀을 빙빙 돌려서 하는 것을 보고, '아이고, 재미없다'라고 생각해서, 선생님에게 그대로 말해버렸어요. 꽤 말썽꾸러기였죠.

마스노　어떻게 보면 타고난 재능이라고 할 수 있겠네요.

마쓰시게　글쎄요, 남을 흉내 내거나 말하는 재주는 있었던 것 같아요. "그럴 때만 빛나지, 저 녀석은"이라는 말을 많이 들었어요. 왜냐하면 제가 잘하는 것은 공부나 운동이 아니라, 성적표에 나오지 않은 것들이었어요. 그저 분위기를 띄우며 남을 웃게 하는 데 소질있는 아이였죠.

　　하지만 저희 집이 가부키 가문도 아니고, 부모님이 예

능하고 관계없는 직업이었기 때문에 저는 그저 제 자신이 조금 특이하다고만 생각했어요. 설마 직업으로 삼게 될 줄은 그때는 꿈에도 생각하지 못했습니다. 후쿠오카의 시골에서 자랐기 때문에 연예계 같은 건 다른 세상의 일처럼 느껴졌죠.

마스노 선생님께 "시끄러워, 참견하지 마" 같은 말을 들은 적은 없었나요?

마쓰시게 물론 있었어요. 학교는 규칙을 따라야 하잖아요. 학급 분위기를 깨지 말라고 꾸중을 들었어요. 그래도 "그럼 너무 재미없잖아요"라며 반항했다가 한참 동안 벌을 서기도 했어요. 어린 마음에는 재미있는 걸 하면 다들 좋아하고 분위기도 살지 않나 싶었어요. 그게 더 좋을 텐데, 하고요.

학교에는 운동신경이 좋은 아이도 있고, 공부를 잘하는 아이도 있어요. 반대로 사람들과 어울리는 게 서툴거나, 저처럼 키가 커서 그걸 어찌할 바 모르는 아이도 있고요. 여러 가지 특성과 유형을 가진 아이들 사이에서 저도 '나는 어떤 사람일까?'라는 생각을 했을지도 모르겠어요. 그래서 다른 사람보다 좀 더 크고, 눈에 띄는 것을 무기로 삼고 싶다는 무의식이 발동했던 것 같아요. 없는 지혜를 짜내면서 말이죠.

마스노 열 명이 있으면 십인십색인 것은 당연하죠. 누구나 자신

만의 장점이 있고, 결국 그걸 스스로 찾아서 갈고닦아야
하는 거죠. 그리고 그걸 어떻게 세상에 활용할지를 고민
하는 과정이 중요한 거고요.

인생에 정답이 없다는 깨달음

마쓰시게   10대는 주변의 기대에 부응하고 싶지만, 부응할 수 없는
시기입니다. 어떻게 하면 기대에 부응하고, 주변의 인정받
을 수 있을까? 하는 갈등의 틈바구니에 휩싸이죠.

마스노   막연하게 내가 무엇을 하고 싶은지 고민하다 보면 '이게
아닐까?' 하고 어렴풋이 떠오를 때가 있지요. 그런데 주변
에도 각자가 나름대로 무엇인가 열심히 하고 있거든요.
점점 주변이 신경 쓰이기 시작하고, 비교하게 되고, 점점
더 혼란스러워지죠. 저쪽이 더 멋있지 않을까? 이쪽이 더
돈을 잘 벌 수 있지 않을까? 고민이 고민의 꼬리를 무는
시기입니다.

마쓰시게   저는 지금도 가끔, 제게 그림을 그리는 재능이 있거나 악
기를 연주할 수 있는 재능이 있었다면 얼마나 좋았을까
생각합니다. 연극이라는 건 학교에서 점수를 매길 수 있
는 과목이 아니잖아요. 그래서 그 부분에 대한 열등감이

여전히 남아 있어요. 배우는 그저 대사를 외워서 말하는 것뿐이니까요.

하지만 10대가 되면, 학교 성적이나 선생님, 부모님이 하는 말이 유일한 정답이 아니라는 걸 조금씩 깨닫게 되는 것도 사실이죠.

마스노 맞아요. 학교 교육은 아무래도 10명 모두에게 똑같이 적용될 수밖에 없잖아요. 일종의 '표준화된 상품' 같은 거랄까요. 하지만 각자 개성은 모두 다릅니다. 그래서 정말 필요한 것은 '맞춤형 교육'이라고 할 수 있습니다.

요즘은 운동회의 달리기 대회에서도 아이들이 손을 잡고 함께 결승선을 통과해서 순위를 매기지 않는 학교도 있다고 들었어요. 물론 그것도 하나의 아이디어일 수 있겠지만, 한편으로 생각해 보면 발이 빠른 아이가 인정받을 기회를 빼앗는 일이 될 수도 있습니다. 달리기를 잘하는 아이는 공부를 못할 수도 있고, 반대로 달리기가 느린 아이는 공부에선 최고일 수도 있죠.

누구에게나 잘하는 것과 못하는 것이 있습니다. 서로의 장점을 인정하고, 장점을 더 키워줄 수 있는 사회를 만드는 것, 그리고 그로 인해 서로 공존이 가능해지는 것이 진정한 '평등'이라고 생각해요. 모두를 같은 틀에 넣는 것이 평등은 아니에요. 그건 오히려 평등이라는 이름 아래 '불

평등'이 아닐까 싶어요.

마쓰시게 한 교실에 30~40명의 학생이 있으면, 모든 학생을 세심하게 살피는 건 쉽지 않은 일이겠죠. 그렇지만 그 과정에서 소외된 아이들이 있다면, 그 아이들에게 어떤 도움이 필요할지 고민하는 게 어른들의 역할이라고 생각합니다.

마스노 네, 개성을 발견하고 그것을 이끌어내는 것은 학교 교육뿐만 아니라 우리 모두의 역할이죠.

──── '좋은 점'에 눈과 귀를 기울이다

마쓰시게 자신의 재능이 묻혀있다는 것을 깨닫지 못하고 평생을 보내는 사람들도 많을 것 같아요. 이 「심우」 단계는 적어도 출발점에 서서 소, 즉 진정한 나를 찾으러 가겠다는 동기가 이미 생긴 상태잖아요. 시작해보겠다는 마음, 나를 찾고 싶다는 의지를 세운 것이지요. 그러나 많은 분이 어떤 일을 시작도 하지 않고 끙끙 앓으면서 시간을 보내는 것 같아요. 선생님은 어떻게 생각하세요?

마스노 맞아요. 학생이든 어른이든 시도조차 하지 않은 채 여전히 0의 상태에 머물러 있는 분들이 적지 않은 것 같아요. 그런 경우, 저는 우선 그분들의 '좋은 점'을 찾아내는 것부

불교 마음 수업

터 시작합니다. 본인도 자신의 장점을 모르는 경우가 많거든요.

예를 들어 어떤 남성분인데, 신발을 벗을 때 항상 다른 사람의 신발까지 가지런히 정리하는 분이 계세요. 주변을 신경 쓴다는 것이지요. 이렇게 세심한 분이라면 다른 일에서도 주의를 기울일 수 있는 재능이 분명히 있을 겁니다. 그런 점을 찾아내고 말로 전해주는 거죠. 그러면 그분도 자신의 좋은 점을 의식하게 되고, 그로 인해 더 발전할 가능성이 있다고 생각해요.

마쓰시게   그렇군요. 저는 라디오에서 20대 젊은 뮤지션들과 이야기 나눌 기회가 많은데요. 자신들의 음악에 대해 잘 알지 못하는 아저씨와 이야기를 나누는 과정에서 그들 스스로, 생각이나 열정이 더욱 뚜렷해지고 발전하는 느낌을 받을 때가 있습니다. 마치 그들의 열정이 0.5에서 1로 상승하는 것처럼 느껴집니다.

그래서 저는 다른 사람, 특히 젊은 사람들의 이야기에 좀 더 귀를 기울이고 싶어요. 학교 교실에서 모든 학생의 이야기를 주의 깊게 듣는 건 쉽지 않을 수 있지만, 전체 인구를 놓고 보면 어른들이 아이들보다 훨씬 많잖아요. 비율로 따지면 네다섯 배는 더 많을 테니까요.

그렇다면 학교 선생님뿐만 아니라 우리 어른들이 젊은

이들의 목소리를 듣는 것은 그리 어려운 일이 아닐 것입니다. 그들이 자신의 생각을 가감 없이 표현하는 것이야말로, 제로의 단계에서 벗어나 「심우」의 출발선에 서는 것이 아닐까요.

마스노 젊은이들에게도 어른들에게도 대화는 중요하죠.

마쓰시게 생각해보면, 제가 좋은 선배라고 생각한 분들은 모두 자기 이야기를 하는 게 아니라 "너, 그런 생각을 하는구나. 재미있네"라면서 제 말을 경청해주셨던 분이에요. 그런 분들은 기억이 생생해요. 지금은 돌아가신 분들도 있지만, 그런 선배들이 꽤 많았어요. 아마도 제 얘기를 완전히 이해한 건 아니었을 수도 있지만, 일부러 모르는 척하며 귀 기울여 주셨던 게 아닐까 싶어요. 그러면서도 젊은 세대의 의견과 사고방식을 유연하게 받아들이셨던 것 같고요.

반면에 자신의 힘을 과신하고 오직 자기 능력만으로 살아간다고 믿는 사람도 있었죠. 그렇게 자기 이야기만 하는 분들은 안타깝게도 「심우」의 출발선에조차도 서지 못한 게 아닐까 하는 생각이 듭니다. 나이나 세대 차이를 신경 쓰지 않고 함께 이야기하는 게 얼마나 중요한지 새삼 깨닫게 돼요. 그게 결국, 나 자신을 더 깊이 들여다보고, 진짜 내 모습을 찾는 좋은 계기가 될 수 있다고 생각합니다.

불교 마음 수업

내 안의 자아,
관계 속의 무아

───── 불교에서 말하는 '자아'란?

마스노   자기 얘기만 하는 사람은, 불교에서 말하는 '자아自我'에
         사로잡혀 있는 상태라고 할 수 있겠네요.

마쓰시게 그렇다면 나이가 들어도 여전히 '자아의 깨달음' 단계에
         머물러 있다는 뜻인가요?

마스노   그렇습니다. 불교에서 말하는 자아란, '내가, 내가'라든가
         '나만 잘되면 돼', '이게 내 방식이야!'처럼 항상 자신이 중
         심에 있는 좋지 않은 상태를 가리킵니다.

마쓰시게 인간의 발달 단계에서 흔히 사용하는 '자아'와는 조금 다
         른 의미인 거군요.

마스노	맞아요. 인생에서 자아가 아예 없어서는 안 되지만, '나만' 잘되고 '나만' 행복하면 된다는 사고방식은 바람직하지 않죠.
	그리고 자아의 반대 개념이 '무아無我'입니다. 무아는 글자 그대로 보면 '나我가 없다'라는 뜻이지만, 단순히 '자신이 존재하지 않는다'는 의미가 아니라, '나는 타인과의 관계 속에서 존재하는 존재'라는 사고방식이에요.
마쓰시게	아주 중요한 이야기인 것 같군요.
마스노	'나는 살아 있다'가 '자아'라면, '나는 살아가게 되어 있다'가 '무아'예요. 아까 우리가 "자신의 장점을 발견하고 갈고 닦아야 한다"는 이야기를 나눴잖아요. 그런데 중요한 건, 그 장점을 어떻게 세상에 환원하느냐예요. 내가 가진 장점을 통해 다른 사람에게 좋은 영향을 주고, 그로 인해 상대가 행복해지고, 그 행복이 다시 나에게 돌아오는 것. 이것이 '무아'의 관계입니다.

상대방도 나도 행복해진다

마쓰시게	자신만의 만족을 위해 무언가를 이루는 것이 아니라, 그것이 타인의 행복으로 이어지고, 결국 나에게도 돌아오는

것이군요.

마스노 그렇습니다. 그런데 자아에 눈을 뜨면, 앞에서 말씀드린 것처럼 마음에 불필요한 체지방이 붙어 본래는 맑고 깨끗해야 할 마음이 흐려져 보이지 않게 됩니다. 하지만 '상대방도 나도 행복해진다'라는 시각으로 바라보면 우리의 행동도 많이 달라지지 않을까요?

불교에서는 '제법무아諸法無我'라는 개념이 있는데, 이는 세상의 모든 것이 서로 얽혀 존재한다는 뜻이에요. 혼자서만 존재하는 사람은 아무도 없습니다. 가령 커피 한 잔을 마시려면, 커피 원두의 재배, 수확, 로스팅, 추출까지 여러 사람의 도움이 필요하죠. 세상의 모든 것은 관계 속에서 존재하고, 우리는 그 관계 속에서 살아가고 있다는 인식을 갖는 것이 매우 중요합니다. 그리고 그것은 사람 관계에만 해당하는 것은 아닙니다.

학생들과 같이 밥을 먹다 보면, 배가 부르다며 음식을 남기는 학생이 있습니다. 잔반은 버려지겠죠. '돈을 냈으니 괜찮다'는 생각을 할 수도 있겠지만, 그것은 잘못된 생각입니다. 쌀을 재배한 사람, 그것을 요리한 사람, 식사를 제공한 장소에 돈을 냈을지언정 '쌀의 생명'에는 단 한 푼도 지불하지 않은 것이지요. 그리고 사실, 그 생명에는 값을 매길 수도 없습니다.

이처럼 우리가 많은 것들의 도움을 받아 살아가고 있다는 사실을 잊지 않고, "덕분에 내가 살아갈 수 있는 것에 감사하다"는 마음을 가지는 것이 중요합니다. 만약 우리가 관계와 배경을 보려 하지 않는다면, 자아는 폭주해서 통제할 수 없게 될 겁니다.

_____ 나이가 들면 정말 흔들리지 않을까?

마쓰시게 자아에서 벗어나는 것, 이거 꽤나 어려운 문제일 것 같아요.

마스노 네, 정말 어렵습니다. 어쩌면 선禪 수행의 목적은 오직 이 한 가지라고 해도 과언이 아닐 겁니다.

마쓰시게 자아에서 벗어나기 위해 선에서는 수행을 하는 것이군요.

마스노 진정한 나, 즉 소를 찾아 떠나는 「십우도」의 모험도 마찬가지입니다. 첫 번째 단계인 「심우」에서 자아의 고민과 직면하는 경험이 없다면, 그 이후의 삶은 얕고 피상적인 삶이 될 거라고 생각합니다. 그러니까 이 「심우」 단계가 바로 수행의 '시작'이라고 할 수 있죠.

마쓰시게 초등학생 정도만 되어도 자아가 형성되어서, 다른 사람과 자신의 차이가 보이기 시작하죠. 그리고 '나는 누구인가?'라는 수수께끼를 만나게 되죠. 부모와 연결되어 있는 것 같기도 하고, 그렇지 않은 것 같기도 하고, 이 시점에서 앞으로 내 인생은 어떻게 펼쳐질까에 대한 고민이 시작됩니다. 이 과정에서 마음이 설레기도 하고, 불안하기도 하지요.

마스노 네, 그것은 10대에 경험할 수도 있고, 어쩌면 퇴직 후 제2의 인생을 살아갈 무렵에 느낄 수도 있겠죠. 물론 사람에 따라서는 50대에 갑자기 깨닫고 「심우」의 출발선에 서게 되는 분도 있을 수 있지요.

마쓰시게 회사에서 주어진 일만 묵묵히 하는 삶을 살다가, 비로소 내 안에 있던 '소'를 깨닫고, 여행을 떠나려는 60대도 있을 수 있습니다. 저도 그중 하나일지도 모르겠네요. 저 역시 여전히 많은 고민을 안고 살아가고 있어요.

마스노 고민하는 것 자체가 살아 있다는 증거입니다. 고민이 없는 사람은 없습니다. 만약 고민이 사라진다면 그것은 열반*에 이르렀다는 의미지요.

마쓰시게 힘이 되는 말이네요. 흔히 '마흔이 되면 흔들리지 않는다'고 하지만, 저는 이제 그 말도 그냥 표현의 한 방식일 뿐이라고 생각해요(웃음).

---

* 열반涅槃: 모든 번뇌의 얽매임에서 벗어나고, 진리를 깨달은 경지.

소를 찾아 길을 나선 동자,
길 위에 남겨진 소의 발자국을 발견한다.

소의 흔적을 발견하다

분명하지 않아도,
마음이 이끄는 대로

——— 내가 나아가야 할 길

마쓰시게 드디어 동자가 소를 찾기 위한 여행을 떠났군요. 이것이
두 번째 그림입니다.

마스노 여행의 시작입니다. 동자는 그럭저럭 길에 남겨진 소의
발자국을 발견한 것 같습니다.

마쓰시게 발자국만요. 소의 모습은 아직 보이지 않는군요.

마스노 하지만 발자국을 발견한 덕분에, 동자는 자신이 찾고 있
는 소가 정말로 존재할지도 모른다고 생각하게 된 것 같
아요.

여기서 발자국이 의미하는 것은, 선에서 말하는 '선인

들의 발자취'입니다. 선조들이 어떻게 수행을 해왔는지,
그 흔적을 경전과 공안, 그리고 일상의 수행에서 찾아내
는 것이 바로 이 발자국을 발견하는 행위라고 할 수 있죠.
'공안'은 선종禪宗에서 스승이 수행자를 깨달음으로 이끌
기 위해 주는 문제나 과제를 말합니다. 이 단계에서는 아
직 수행의 본질에는 도달하지 못했지만, 수행으로 가는
길의 실마리가 조금씩 보이기 시작한 상태입니다. 이것이
바로 두 번째 단계인 「견적」이죠.

즉, '진정한 나'란 무엇인가라는 안개 속을 헤매는 것
같은 그런 물음에 희미하게 빛이 보이기 시작한 단계입니
다. 분명한 길은 아니지만, 자신이 가야 할 길임을 예감합
니다. 이 단계를 알기 쉽게 나이로 치환한다면, 10대 후반
에서 20살까지라고 볼 수 있을 것 같아요.

마쓰시게 그 시절 제 모습이 떠오르는군요.

마스노 마쓰시게 씨는 그 시절을 어떻게 보내셨나요?

마쓰시게 사실 저는 언론인 지망생이었어요. 신문사라든가, 그런 쪽
으로 가고 싶었어요. 그래서 대학도 처음에는 법학부 쪽
에 응시했습니다. 하지만 한 번 낙방하고 재수하는 동안
생각이 조금 바뀌었어요. 영화를 만드는 것도 왠지 재미
있을 것 같아서 연극 전공이 있는 와세다대학과 메이지대
학을 지원해서, 메이지대학에 입학하게 되었습니다.

하지만 연극과에 입학한 후에야 영화를 찍는 방법을 가르쳐 주는 곳이 아니라는 걸 알게 됐어요. 저는 연극이라는 것이 어떤 것인지 전혀 몰랐어요. 어렸을 때 제가 했던 연극과 다를 거라는 생각은 했지만, 그건 프로들이 하는 일이지 제가 할 일은 아니라고 생각했죠.

마스노　연극을 본격적으로 본 적이 없었던 거군요?

마쓰시게　네, 맞아요. 본격적으로 연극을 본 것은 메이지대학이 있는 도쿄에 상경한 이후부터입니다. 동급생이 '덴조사지키天井棧敷'나 '상황극장' 같은, 소위 언더그라운드 무대로 데려가 줬고 그곳에서 연극의 세계에 눈뜨게 된 거죠.

객석까지 물을 흘려보내는 장면도 있었는데, 그런 것을 즐기는 듯한 세계였습니다. 마치 제가 초등학생 때 하고 싶었으나 선생님께 혼날까봐 못했던 일들을 그곳에선 어른들이 진지하게 하고 있는 거예요. 정말 충격적인 경험이었죠.

마스노　그 이야기는 정말 흥미롭네요. 지금은 유명 배우가 된 마쓰시게 씨가 처음에는 영화를 만들고 싶어했다는 것도요. 그러니까 원래는 연기자가 아니라 무대 뒤에서 일하는 쪽을 꿈꿨던 거네요. 게다가 그 이전에는 언론계 지망생이었군요.

마쓰시게　맞습니다. 처음부터 배우를 목표로 해서 곧장 달려온 것은 아니었어요.

내가 하고 싶은, 재미있는 길을 찾아서

마스노   아직 경험이 부족한 「견적」의 시기에 자신의 방향성을 찾는 건 정말 쉽지 않은 일입니다. 예를 들어, 직업을 선택할 때도 자신에게 어떤 일이 맞는지 판단하라고 하면 당연히 고민이 됩니다. 이것도 해보고 싶고, 저것도 해보고 싶고, 매일 흔들리는 자신의 마음과 싸우는 시기죠.

마쓰시게   저는 제가 배우가 될 거라는 생각을 전혀 하지 않았어요. 누구나 반할 만한 외모도 아니었고요. 제가 영상 쪽의 일을 한다면 연출이나 프로듀서처럼 무대 뒤에서 무언가를 만드는 일이 더 적합하다고 느꼈고, 실제로 그런 일을 하고 싶었죠.

하지만 저희 세대는 고도성장기의 한복판에서 태어났어요. 학력이 중시되던 시대였죠. 공부를 해서 좋은 대학에 들어가고 일류 기업에 취업하는 것이 인생의 목표로 여겨지던 때였어요. 하지만 저는 그런 길이 저와는 맞지 않다고 느꼈습니다. 그런 상황 속에서 뭔가 재미있는 것을 찾고 싶다는 마음으로 나름 고군분투했던 것 같아요.

물론 연극의 길이라고 해도 교겐狂言(희극의 일종)이나 가부키와 같은 전통 예능은 물론이고, 현대극, 뮤지컬, 언더그라운드 연극, 소극장 공연까지 이미 다양한 장르가

                                         불교 마음 수업

있었죠. 지금은 운 좋게 이런 것들에 모두 출연했지만요.

이제야 말할 수 있지만, 자신이 재미를 느낄 수 있는 길을 찾는 방법은 어디에나 있다고 생각해요. 자신이 원하는 곳의 빈틈을 발견해서 그 틈을 파고들면, 새로운 길을 만들어 낼 가능성도 충분히 있습니다. 어떤 어려움이 내 앞에 놓여 있더라도, 어쩌면 누군가가 이미 해낸 일이라도, 자기만의 색깔을 가지고 돌파하면, 어느 시대에도 가능하다는 생각이 듭니다.

그러나 요즘 젊은 세대를 보면, 훨씬 더 힘들지 않을까 싶어요. 꽤 일찍부터 진로 교육이 철저하게 이루어지고 있고, 자신의 미래를 빨리 결정하도록 압박받는 것처럼 보이니까요.

마스노　네, 그렇죠. 한참 전만 해도 가업을 물려받는 삶이 대부분이었어요. 농가에서 태어난 아이는 농사를, 장사를 하는 집이면 장사를 물려받는 것이 자연스러웠죠. 선택의 여지가 없는 것은 답답하고 부자유스러운 일이지만, 축복받은 삶이었다고도 할 수 있습니다. '내가 어떤 일이 적성에 맞는지' 고민할 필요도 없고, 가업을 처음 물려받았을 때 저항감을 느꼈더라도 그 일에만 몰두하면 결국 전문 직업인이 될 수 있었어요. 아까도 말씀드렸지만, 10년만 계속하다 보면 그 일이 완전히 몸에 배게 되는 것이죠.

마쓰시게   그렇군요. 말하자면 '발자국'을 묵묵히 쫓아가는 것과 비슷하겠네요.

마스노   네, 정확합니다. 하지만 지금은 정보가 넘쳐나고 선택지가 지나치게 많아졌죠. 기성품이 진열대에 빼곡히 놓여 있는 것처럼, 없는 것을 새로 만들어내기 보다는 그중에서 자신에게 맞는 것을 골라야 한다는 생각을 하게 됩니다. 결과적으로 모든 선택은 자신의 책임이기 때문에 '이 선택이 정말로 옳은 것인가? 충분한가?'라는 고민과 망설임이 생기게 되죠.

____ 천직을 찾고 있다면

마쓰시게   처음부터 '이거다' 싶은 답을 찾기란 쉽지 않아요. 그리고 답을 찾는 일은 지난 시대보다 앞으로 다가올 시대에 더 어려워질 것 같아요. 우리 세대는 「견적」 단계의 고민이 크지 않았습니다. 회사에 들어가면 일단 안정된 삶을 보장받는 시대였죠. 하지만 요즘은 회사가 언제 망해도 이상하지 않아요. 제 손자 세대는 22세기를 살아갈 사람들입니다. 그 시대는 아마도 일본이라는 나라가 아니라, 세계 속에서 어떻게 살아남을 것인가를 고민해야 할 겁니

          불교 마음 수업

다. 자신이 태어나고 자란 동네에서 일자리를 찾았던 것이 지방으로, 일본 전역으로, 이제는 세계로 그 범위가 점점 더 넓어지고 있습니다. 그런 글로벌한 시대가 되었기 때문에 오히려 「십우도」에서 말하는 '진정한 나'를 찾는 일이 더 중요해지고 있다고 생각합니다.

마스노 그렇습니다. 하지만 저는 시대가 바뀌어도 그 '찾는 방식' 자체는 변하지 않을 거라고 생각합니다.

마쓰시게 그건 '진리'이기 때문이겠죠.

마스노 맞습니다. 길을 잃었을 때는 지금 눈앞에 있는 것이 과연 나에게 옳은 선택인지, 그렇지 않은지를 그때그때 '진정한 나'에게 물어봐야 합니다. 색안경을 끼지 않은 본연의 눈으로, 자신의 내면에서 답을 이끌어내야만 합니다. 인간의 삶에는 단 하나의 정답이 존재하지 않으니까요.

그런데 생각해 보면, '나에게 맞는 직업'이 과연 존재할까요? 저는 처음부터 이 일이 '내 천직이다'라는 것은 없다고 생각합니다. 일이 나와 맞고 안 맞고는 노력을 쌓아가는 과정에서 만들어지는 것이지요. 주어진 일을 성실히 해나가다 보면, 결국 그것이 천직이 되는 게 아닐까요?

마쓰시게 마스노 선생님의 말씀을 듣고 보니, 정답이 없다면 천직을 빨리 찾는 것보다, 다양한 상황에서 자신 앞에 놓인 벽이나 과제에 정면으로 맞서는 것이 훨씬 더 중요하다는 생각이 듭니다. 결국 중요한 것은 자신이 그 일을 통해 만족할 수 있느냐, 그렇지 않느냐 아닐까요? 내가 하고 있는 일이 틀리지 않다고 스스로 확신할 수 있다면, 그것으로 충분하죠. 그러려면 결국 자신과 마주하는 방법 외에는 다른 방법이 없다는 생각이 듭니다.

____ '정답'을 찾는 것보다 더 중요한 것

마스노　　정말로 그렇습니다. 요즘 시대에는 바로 답을 찾고 싶어 하지만, 중요한 것은 정답을 찾는 것이 아닙니다. '직심시도장直心是道場'이라는 선어禪語가 있습니다. 마음을 곧게 하고 나아가면, 어디든 그곳이 수행의 장소가 된다는 뜻이죠. 그래서 생활 그 자체가 수행이 되는 것입니다. 진지한 마음으로 청소를 하고, 정성 들여 바닥을 닦고, 물건을 정리하는 것, 이런 것이 수행입니다.

마쓰시게　　그렇군요. 지금 나의 일상에, 눈앞에 놓인 과제에 진지하게 임하는 것이 가장 중요한 일이군요. 이것들을 회피하려 하면 다른 데서도 제대로 된 성과를 얻을 수 없겠네요.

마스노　　임제종臨済宗의 중흥을 이룬 백은선사의 스승으로 정수노인이라는 분이 계십니다. 그분은 "일대사一大事라 하는 것은 지금의 마음이다"라는 말씀을 남기셨죠. 선禪의 불법에서 가장 중요한 것을 '일대사一大事'라고 합니다. 즉, 가장 중요한 것은 '지금, 이 순간을 어떻게 살 것인가'라는 뜻입니다. 순간순간이 쌓여 사람의 인생이 됩니다. 나중에 기회가 생기면 그때 가서 열심히 하자라고 미루면, 그런 날은 오지 않을지도 모릅니다.

마쓰시게   그 말씀은 매화나무 이야기와도 일맥상통하네요.

마스노   맞습니다. 그러나 그 사실을 깨닫지 못하는 것이 바로 10대 후반의 젊은 시절입니다. 우리는 나이가 들었기에 이 이야기가 가슴에 절실하게 와닿는지도 모르겠습니다(웃음).

　　누구나 '나에게 딱 맞는 일이 있을 거야'라고 믿고, 의심하지 않는 시기를 겪습니다. 그리고 이 시기에는, 「견적」에서처럼 자신이 발견한 소 발자국이야말로 '희망의 조각'이 될 수 있다고 생각합니다. 마쓰시게 씨가 대학 시절에 만난 언더그라운드 연극이 그랬던 것처럼요.

좋아하는 일이
직업이 되기까지

_____ 마음을 비추는 돌의 정원

마쓰시게   마스노 선생님의 젊은 시절 이야기도 듣고 싶습니다. 선
생님은 절에서 태어나셨고, 지금은 아버지의 뒤를 이어
겐코지建功寺의 주지를 맡고 계시죠? 게다가 정원 디자이
너로도 활동하고 계신데요. 정원에 관한 관심은 언제부터
갖게 되셨나요?

마스노   저 역시 부모님이나 친척 중에 정원 디자인을 하던 분은
없었습니다. 어린 시절 부모님과 함께 교토에 갔던 것이
정원에 관심을 가지게 된 계기가 되었습니다.

마쓰시게   교토에서요?

마스노 　네, 처음으로 갔던 교토 여행에서 '료안지龍安寺의 돌 정원'
　　　　을 보고 눈이 번쩍 뜨였어요. 초등학교 5학년 때였습니다.
　　　　저에게는 그것이 마치 '소의 발자국' 같았어요. 그러니까
　　　　'희망의 조각'이었던 셈이죠.

마쓰시게 　와, 료안지의 돌 정원이 "희망의 조각"이라니, 정말 멋진
　　　　표현이네요.

마스노 　아뇨, 그렇게 대단한 이야기는 아닙니다. 지금으로부터 거
　　　　의 60년 전의 일입니다. 료안지에 가면 다들 본존불상은
　　　　보지 않더라도, 돌 정원은 반드시 둘러보시잖아요. 그걸
　　　　보고 '아, 정원이란 이렇게 사람을 끌어당기는 매력이 있
　　　　는 거구나'라고 느꼈어요.

　　　　　게다가 당시 우리 절의 정원은 전쟁으로 인해 황폐해
　　　　져 있었거든요. 어린 제가 마음대로 뛰어다닐 수 있는 공
　　　　간이었죠. 정원이라기보다는 예전에 '정원이라 불렸던 자
　　　　리'에 작물을 재배하고 있던 상태였어요.

　　　　　그런데 같은 선종禪宗 사찰인데도 료안지는 이렇게 아
　　　　름다운 정원을 가지고 있다니! 그 차이에 너무 충격을 받
　　　　았어요. 마치 머리를 세게 얻어맞은 듯한 느낌이었죠. 그
　　　　리고 결심했어요. 언젠가 우리 절에도 꼭 이런 정원을 만
　　　　들어야겠다라고요. 그때부터 정원에 푹 빠져버렸지요. 절
　　　　에서 제를 올릴 때, 과자 상자를 받으면 거기에 붙어 있는

얇은 파라핀지(방습 포장용지)를 뜯어내서, 잡지에 실린 정
원 사진을 따라 그리기도 했어요.

마쓰시게 료안지의 돌 정원을 보는 순간 미래의 비전이 확연히 보
였던 거군요.

마스노 고등학생 때인가, 대학생 때인가… 초등학교 동창회 자리
에서 담임 선생님으로부터 초등학생 5학년 때 쓴 작문을
기억하느냐는 질문을 받은 적이 있습니다. "언젠가 우리
절에 아름다운 정원을 만들어서 요코하마 시의 관광버스
가 찾아오게 하고 싶다"고 썼다고 해요. 저는 완전히 잊고
있었던 내용이었죠.

마쓰시게 관광버스를 오게 한다고요!

마스노 그런 부끄러운 걸 썼다니, 얼굴이 화끈거렸습니다.

마쓰시게 아니요, 정말 대단해요. 초등학생 때 료안지에서 발견한
'희망의 조각'을 붙잡고, 실제로 정원 디자이너라는 직업
을 가지셨잖아요. 정말 말한 대로 이루신 거네요.

마스노 아니에요. 저도 마쓰시게 씨와 마찬가지로 정원 설계를
직업으로 삼을 거라고는 꿈에도 생각하지 않았어요. 그저
우리 절에 아름다운 정원을 만들고 싶었을 뿐이었죠. 정
말 그게 전부였으니까요.

정원 디자이너라는 직업

마쓰시게   궁금합니다. 어떻게 지금처럼 전 세계에서 '선禪의 정원'
을 설계해 달라는 요청이 끊이지 않는 정원 디자이너가
되셨나요?

마스노   중학교 2학년 때, 담임 선생님이 제가 정원에 관심이 많은
것을 눈여겨 보고, 다마가와 학원의 고등부 진학을 권유
하셨어요. 저의 당시 별명은 '스님'이었습니다. 선생님이
"스님, 다마가와에 진학하라"고 말씀하셨죠. 다마가와대학
은 선생님의 모교이기도 했습니다.

그때만 해도 정원을 전문적으로 공부할 수 있는 대학
은 농학부뿐이었어요. 다마가와대학에는 농학부가 있었
기 때문에 자연스럽게 그 대학 부속 고등부로 진학했습니
다. 그리고 고등학교 1학년 때, 저의 은사이신 사이토 가
쓰오 선생님을 만났습니다.

마쓰시게   그분은 마스노 선생님의 정원 디자인 스승이신가요?

마스노   네. 사이토 선생님은 당시 일본 최고의 정원 설계가였어
요. 정원 연구를 굉장히 열심히 하셨고, 초등학교밖에 나
오지 않으셨는데도 연구 논문을 여러 편 쓰셨어요. 하지
만 선생님의 논문을 평가해 줄 사람이 없어서 계속 도쿄
대 서고에서 잠자고 있었어요. 그것을 일본 국립공원의

아버지라 불리는 타무라 쓰요시 선생님이 발견해서 세상에 알렸지요. 그 논문은 학회 상도 수상했습니다. 사이토 선생님은 실무와 이론을 모두 겸비한 분이었습니다.

그리고 저는 스승님을 따라다니며 현장에서 스케치를 했는데, 그 일이 너무 재미있어서 점점 더 깊이 빠져들었어요. 대학 졸업 후에도, 4년 정도 선생님의 조수로 일했습니다.

마쓰시게   그 당시 승려로서 수행은 어떻게 하셨나요?

마스노   그게 문제였습니다. 4년이 지났을 때, 선종의 대본산 소지지總持寺로 가서 정식으로 수행을 해야 하는 상황이 되었거든요. 그래서 결국 수행을 떠나게 되었어요. 하지만 솔직히 말하면, 빨리 돌아가고 싶었습니다. 돌아가서 정원 공부를 계속하고 싶었어요.

사이토 선생님은 제가 대학을 졸업할 무렵에는 이미 80세를 훌쩍 넘긴 나이셨죠. 그러다 보니 수행을 빨리 끝내고, 가능한 한 모든 것을 빠르게 배워서 우리 절의 정원을 스스로 가꾸어야 한다는 의식이 강했던 것 같아요. 그래서 배울 수 있는 건 뭐든지 욕심내서 배우고, 하루라도 빨리 익히려고 했어요.

마쓰시게   그때도 여전히 '우리 절 정원'이라고 생각하셨군요. 그렇지만 마스노 선생님이 '빨리 수행을 마치고 싶었다'라는 말씀을 하실 줄은 몰랐어요. 왠지 모르게 조금 안심이 되네요.

마스노   네, 정말 그런 마음이었습니다. 젊음이란 참 무섭지요. 하지만 빨리 배우고 싶은 마음이 든 건 수행 덕분이기도 했습니다. 본산에서 선 수행을 하면서, '선의 정원'이 내포하고 있는 '깊은 정신세계'를 조금씩 알게 되었기 때문입니다. 그전에도 이해했다고 생각했지만, 말로만 알았을 뿐 몸으로는 체득하지 못했던 것 같아요. 수행을 통해 비로소 몸으로 느낄 수 있었습니다. 그러다 보니 정원 일을 하고 싶은 마음이 더 간절해졌어요.

마쓰시게   사람마다 저마다의 역사가 있다는 게 이런 것이군요.

마스노   그렇게 수행을 마치고, 스승님께 바로 찾아가서 좀 더 공부하고 싶다고 말씀드렸어요. 그때 마침 그 자리에 정원 작업을 의뢰하러 오신 분이 계셨어요. 그분이 "사이토 선생님을 대신해서 해보는 건 어때요?"라고 말씀하시는 거예요. 스승님도 "내가 지도할 테니, 좋은 기회니까 한번 해봐"라고 말씀하셨어요.

마쓰시게   그렇게 정원 설계를 직업으로 삼게 되신 거군요.

마스노   네, 처음으로 맡은 일이었어요. 그런데 사실 그때 제가 아주 실례되는 말을 해버렸어요. "우리 절의 정원 작업 전에 연습 삼아 한다는 생각으로 해봐도 괜찮겠네요"라고요.

마쓰시게   정말요?

마스노 네, 저는 처음부터 정원 설계를 직업으로 삼을 생각이 없었어요. 어디까지나 '우리 절 정원'을 손보는 데 도움이 될까 싶어서 시작한 거였죠. 그때가 28살쯤이었어요. 그런데 그 일이 알려지면서 또 다른 분들이 의뢰를 하셨고, 결국 하다 보니 피할 수 없는 상황이 되어버렸어요. 처음엔 틈틈이 하면 되겠다고 생각했는데, 어느 순간 보니 정원 작업이 제 시간을 꽉 채울 정도로 바빠지게 됐죠.

그러다 보니 또 다른 문제가 생겼어요. 어떤 분이 정원 일을 소개하려 했는데, 법인이 아니면 어렵다고 하더군요. "저희는 종교법인입니다만…" 했더니, "그건 곤란하겠네요"라고 하셔서 결국 정원 디자인 전문 법인을 만들게 됐습니다. 애초에 남의 정원을 만들 생각이 전혀 없었는데, 주변의 흐름을 따라가다 보니 이렇게 됐네요.

마쓰시게 정원 디자이너가 하나의 직업이 될 수 있다는 인식이 있으셨나요?

마스노 전혀 없었어요. 사이토 선생님은 정원 만들기를 생업으로 하셨던 몇 안 되는 분 중 하나였지만, 정원 일로는 먹고살기 어렵다고 하셔서 아드님에게는 그 일을 물려주지 않으셨을 정도였어요. 그 아드님은 "마스노 씨는 좋겠어요. 우리 아버지에게 이것저것 배울 수 있어서…"라고 자주 말씀하셨어요.

불교 마음 수업

사실 '정원 디자이너'라는 단어도 원래는 없던 표현이에요. 지금의 문부과학성에서 만들어 준 거죠. 1998년에 제가 예술선장 문부대신 신인상을 받았을 때, 당시 문부성에서 전화가 왔습니다.

마쓰시게　오! 흥미롭군요.

마스노　이런 내용의 대화가 오고갔죠.

"이번에 예술선장 수상자로 선정되셨는데, 하시는 일이 일반적인 조경造園은 아니죠?"

"네, 조경과는 좀 다릅니다."

"해외에서 말하는 '랜드스케이프Landscape'•도 아니죠?"

"네, 그것도 좀 다릅니다."

"지금 수상 발표를 준비하고 있는데, 어떤 명칭으로 소개해야 할지 논의 중입니다. 심사위원들 사이에서 '정원 디자이너'라는 표현이 어떨까 하는 의견이 나왔어요. 본인의 동의를 얻고 싶어서 연락드렸습니다."

•　랜드스케이프Landscape: 자연과 인간이 상호작용하는 공간을 설계, 관리, 보존하는 전문가로 주로 랜드스케이프 아키텍트Landscape Architect라는 용어로 불린다.

독특함과 개성이 존중받는 사회

마쓰시게   이야, 정말 재미있네요!

마스노   그렇게 해서 저는 '정원 디자이너'가 되었습니다.

마쓰시게   결국 그런 거죠. 좋아하는 일, 하고 싶은 일이 먼저 있고, 그게 결과적으로 직업이 되는 것. 저도 그 감각이 뭔지 알 것 같아요.

마스노   몸 안에 '좋아한다'라는 씨앗이 있었는데, 그것이 부풀어 올라 싹을 틔운 거죠.

마쓰시게   누군가 "이것이 좋아요"라고 했을 때 그것을 들어주는 어른의 존재가 중요해요. 젊은 세대는 자신이 좋아하는 일을 직업으로 삼을 수 있을지 없을지 몰라서 불안하거든요. 그런 이야기를 어른들이 들어주면 젊은 세대도 점점 더 구체적인 비전을 가질 수 있게 되는 것 같아요.

좋아하는 일에 대해 마음껏 이야기하다보면, '어쩌면 이걸로 먹고살 수도 있지 않을까?'라는 생각도 들게 되겠죠. 젊은이들이 그런 창구나 계기가 절실히 필요할 때, 어른들이 기회와 가능성을 더 많이 만들어주면 좋겠어요.

그런 의미에서 저는 "야, 넌 좀 특이하다?" 이런 말을 듣는 사람들을 정말 좋아해요. 뭔가 남들과 다르고, 하나만 파고드는 친구들이 마음껏 자신을 펼칠 수 있는 사회,

존중받는 사회가 되었으면 좋겠어요.

딸이 다마미술대학에 다닐 때 학교 축제에 간 적이 있어요. 사실 저는 학교 축제에 대한 좋은 인상이 하나도 없었어요. 학생운동 시절의 축제는 그냥 자금 마련을 위한 행사 같다는 느낌이 강했거든요.

그런데 다마미술대학의 축제는 정말 독창적이고, 개성이 넘쳐서 깜짝 놀랐습니다. 여기서 이런 표현을 써도 될지 모르겠지만, 굳이 말하자면 '변태들'의 모임 같다고 해야 힐까요? (웃음)

각자 자신을 꾸미고, 특이한 분장을 하고, 교내를 돌아다니는 친구들이 잔뜩 있더라고요. 저는 그런 친구들이야말로 새로운 시대를 만들어갈 거라고 기대하고 있어요.

마스노　이야기를 들으니 생각난 게 있어요. 다마미술대학 졸업생 중에 배우 다케나카 나오토 씨가 있습니다. 그는 대학 시절, 학교까지 오는 버스 안에서 매일 승객들과 운전기사를 웃기는 게 너무 즐거웠대요. 하루가 끝나면 "내일은 또 어떻게 웃길까?"를 고민하면서, 학교에 도착할 때까지 몇 번이나 사람들을 웃길 수 있을까를 늘 생각했다고 하더라고요.

마쓰시게　그게 전혀 힘들지 않았던 거겠죠.

마스노　네, 그저 즐거워서 하는 일이지요.

마쓰시게 해야 하는 과제가 아니라, 마치 타고난 습관이나 성향처럼 진심으로 좋아하는 일이 결국 직업으로 이어진다면, 그만큼 강한 동력은 없을 것 같아요.

마스노 맞아요. 그래서 저는 젊은 세대의 독특한 개성을 어른들이 억지로 바꾸려 해서는 안 된다고 생각합니다. 오히려 그런 개성을 칭찬해주고, 더 키워줄 수 있는 사회가 되어야 하지 않을까요?

마쓰시게 저도 그렇게 생각해요. 아이들을 어릴 때부터 "이건 이렇게 해야 해!"라는 틀에 맞추려고 하면, 개성이 사라지기 쉽죠. 저는 어릴 때, 시간표대로 딱딱 맞춰서 해야 하는 놀이 시간이 정말 답답했어요. 그저 '왜 이런 지루한 걸 해야 하지?'라고 생각했지만, 만약 제가 거기서 '내 생각이 틀렸어, 규칙에 따라야지'라고 느꼈다면, 제 개성도 거기서 멈춰버렸을지도 몰라요.

다행히 그게 성적과 직접적으로 연결되는 게 아니어서 문제 되지는 않았지만, 만약 연극 같은 수업이 있었다면, 선생님에 따라 제 성적은 '1'이 될 수도, 혹은 '5'가 될 수도 있었을 거예요.

결국, 어른들의 역할이 중요하다고 생각합니다. 어떤 시선으로 바라보고 어떻게 평가하느냐에 따라, 다양한 개성을 받아들이는 정도가 달라질 수 있으니까요.

불교 마음 수업

마스노 어른의 태도는 정말 중요하죠. 하지만 젊은 세대도 이렇게 생각해볼 필요가 있을 것 같아요. 예를 들어, 그림을 그릴 때 선생님으로부터 "하늘은 파란색으로 칠해야 해"라고 지도를 받았다고 해볼까요?

마쓰시게 저도 예전에 미술 학원에 간 적이 있었는데, 딱 하루 만에 그만뒀습니다. 태양을 그렸는데 "이렇게 그리면 안 돼요"라는 말을 듣고, 그림 그리는 것이 싫어졌거든요(웃음).

마스노 만약 하늘을 파란색으로 칠하라는 지도를 받았다면, 반항하거나 '나는 다르다고 생각한다'라고 말하지 못하더라도, 마음속으로 '노란색은 괜찮지 않을까?'라고 생각하는 것만으로도 괜찮다고 생각해요. 파란색도 좋지만, 노란색이 더 재미있다고 느끼는 거죠. 모든 것을 억압하기보다 그런 다양한 생각을 할 수 있도록 열어주는 것만으로도 좋을 거라고 생각합니다.

마쓰시게 아, 그것이 진정한 다양성이라는 거군요. 그런데 한 가지 생각이 드는 건, 어렸을 때 자신이 처한 환경을 스스로 선택할 수 있는 것은 아니라는 점이에요. 주어진 환경에 갇혀서, 자신의 좋은 점을 깨닫지 못하는 아이들도 많을 것 같아요.

마스노 안타깝게도 현실은 그럴지도 모르겠습니다.

나를 마음껏 펼칠 수 있는 용기

마쓰시게 저는 전학을 많이 다녔기 때문에, 만약 실패하더라도 다시 리셋하고 재미있는 일을 하면 된다고 생각했어요. 새로운 환경에 적응하는 게 쉽지는 않았지만, 그 과정에서 자연스럽게 배운 것도 많았죠. 어딘가에서 잘되지 않더라도 다시 시작할 수 있다는 믿음이 생겼다고 할까요.

예를 들어, 학교에서 힘든 상황에 처한 아이가 있다면 저는 "도망가라"고 말하고 싶어요. 너무 쉽게 말하는 같지만, 학교를 그만두고 새로운 길을 찾아보라고 하고 싶습니다. 요즘 힘든 상황에 놓인 젊은이들을 보면 그런 생각이 들어요. 마스노 선생님은 어떻게 생각하세요?

마스노 지금 이야기를 듣고 가로수와 산속 나무의 차이가 떠오르네요. 가로수는 차도와 인도 사이 제한된 공간에서 가지치기를 당하며 자랍니다. 나무 입장에서 보면, 자라고 싶은 대로 자라지 못하는 것이죠. 반면에 산속의 나무는 자유롭게 가지를 뻗으며 자랍니다. 두 나무의 차이는 분명합니다.

마쓰시게 맞아요, 정말 그렇습니다.

마스노 하지만 인간은 나무와 다릅니다. 원하면 자신의 의지로 환경을 바꿀 수 있는 능력이 있으니까요. 이는 인간만의

불교 마음 수업

특권이므로 적극적으로 활용해야 합니다. 우리는 스스로의 선택에 따라 가로수처럼 제한될 수도, 산속의 나무처럼 자유로울 수도 있습니다. 결국, 우리는 마음껏 가지를 뻗을 수 있는 장소가 필요합니다.

그래서 도망치는 건 나쁜 일이 아닙니다. 그것은 단순한 회피가 아니라, 자신에게 맞는 환경을 찾아가는 과정이에요. 힘든 상황을 정면으로 마주하고 고민한 끝에 내린 결정이라면, 그것은 '도피'가 아니라 성장의 한 걸음이라고 생각합니다.

마쓰시게   그렇군요. 마스노 선생님의 이야기는 항상 어떤 것도 단정짓지 않는 미덕이 있는 것 같아요. "이래야 한다"거나, 일정한 가치관으로 선악을 구분하지 않고, "이것도 있고, 저것도 있다"라고 말씀해 주시네요.

마스노   禪의 사고방식이 그러하기 때문입니다. 그렇다면 「십우도」 동자의 여행은 어떻게 진행되고 있을까요? 이제 소의 모습이 보이기 시작할지도 모르겠네요.

마쓰시게   네, 다음 단계로 넘어가보시죠!

소의 발자국을 따라가다 보니,
나무 그늘 사이로 소의 엉덩이가 보인다.
온전히 모습을 드러내진 않았지만,
소의 존재를 분명히 확인할 수 있다.

내 안의 나를 만나다

고집 세고 제멋대로인
자아와 싸우는 법

___ 마음이 수행으로 이어지다

마스노   동자는 그럭저럭 소를 찾은 것 같습니다.

마쓰시게   하지만 나무 그늘에서 소의 엉덩이만 보았죠.

마스노   수행의 길은 아직 멀고, 깨달음이란 무엇인지 여전히 잘
알지 못하지만, 훌륭한 스승을 만나 그 일부가 희미하게
보이는 듯한 기분이 드는 단계입니다. 선禪의 관점에서 보
자면, 이 세 번째 그림이 바로 그런 상태를 나타냅니다.

　　소의 엉덩이가 나무 뒤로 살짝 보이는 것처럼, 20대가
지나면 인생의 끝자락이 보이기 시작했다고 느낄 때가 있
습니다. 그동안의 경험을 통해 나 자신을 조금이나마 이

해하기 시작합니다. 내가 무엇을 할 수 있고, 무엇을 할 수 없는지. 현실이 서서히 눈앞에 다가옵니다.

마쓰시게 마스노 선생님께서 소의 엉덩이가 보이기 시작했다고 느끼신 것은 언제부터인가요?

마스노 아무래도 선종의 대본산 소지지總持寺에 운수수행雲水修行*을 하러 갔을 때부터가 아닐까 합니다. 본산에서의 수행은, 살아가면서 무엇이 중요한지, 어떻게 살아가야 할지를 몸으로 철저히 배우는 과정입니다.

그 과정을 통해 아까 말씀드렸던 것처럼, 제가 몰두했던 정원이 인간에게 어떤 의미를 가지는지도 어렴풋이 보이기 시작했어요. 그것이 소의 엉덩이를 발견한 순간이었다고 생각합니다. 그전까지는 아름다운 정원이란 무엇이며, 어떻게 만들 수 있을까, 오직 그것만 생각했으니까요. 결국, 그건 제 '자아'였습니다.

마쓰시게 마스노 선생님도 자아와 싸워오셨군요.

마스노 물론입니다. 저는 특별하지 않습니다. 여러분과 똑같습니다.

마쓰시게 그렇다면 우리가 자아에 얽매이는 것도 어쩌면 당연한 일이라는 생각이 듭니다. 인생이란 결국 자아와의 끝없는

---

* 운수수행: 불교에서 구름과 물처럼 일정한 거처 없이 떠돌며 수행하는 것을 뜻한다.

불교 마음 수업

싸움인 것 같습니다.

마스노   그것을 벗어나기 위해서 우리는 매일매일 수행을 하고 있
는 셈입니다.

마쓰시게   매우 흥미로운 점은 '정원이 좋다'는 마음이 수행을 하면
서 더 넓은 선의 철학과 연결됐다는 점입니다.

_____ **깊은 탐구와 오랜 시간이 만든 정원**

마스노   모처럼의 기회이니 '선의 정원'에 대한 이야기도 조금 더
들려드릴게요.

마쓰시게   좋습니다. 부탁드립니다.

마스노   일본 정원의 역사에서 가마쿠라 시대 중기부터 무로마치
시대까지의 정원은 모두 선승들에 의해 만들어졌습니다.
이 사실은 제게 정말 충격이었죠. 그래서 교토 선사에는
거의 예외 없이 정원이 있어요. 특히 임제종의 사찰은 반
드시 정원을 만들었습니다.

마쓰시게   료안지도 임제종 계열의 사찰이지요.

마스노   그렇습니다. 정원과 선승의 깊은 관계를 알게 되면서, 일
본의 정원은 '선禪'과 떼어놓고 이야기할 수 없다는 것을
깨달았습니다. 그때 비로소 정원을 어떻게 만들어야 할지

완전히 이해하게 됐습니다. 단순히 아름다운 정원을 만들려는 것이 아니라 선의 사상과 철학을 공간으로 표현하는 것이 정원의 본질이라는 걸 알게 되었죠. 정원을 보고 사람들이 어떤 평가를 내릴지는 이후에 맡기면 됩니다.

'좋은 정원이다' '아름다운 정원이다'라는 평가를 받으려는 마음으로 만든 정원은 결국 좋은 정원이 될 수 없습니다. 선승의 마음 상태를 시각화한 것이 '선의 정원'이기 때문에, 평가를 목적으로 하는 마음가짐으로 정원을 만들면 결과는 뻔하겠죠.

그런 점에서도 료안지의 돌 정원은 정말로 훌륭하지요. 누가 만들었는지는 아직도 수수께끼로 남아 있습니다. 사찰의 창립자가 만들었다는 설, 호소카와 가문의 아들 마사무네가 만들었다는 설, 무로마치 시대의 세아미世阿弥*(일본 전통 연극의 대가)가 만들었다는 설 등 여러 이야기가 있습니다. 하지만 아무리 생각해도 저는, 선승이 만든 것이 아닐까라고 추측합니다. 료안지 돌 정원은 단순하지만, 긴장감의 백미죠. 그 정도의 긴장감 있는 공간을 만들 수 있

• 세아미 모토키요世阿弥 元清(1363~1443): 일본 무로마치 시대를 대표하는 연극인으로, 고전 연극인 노能를 예술적, 철학적으로 체계화하여 오늘날 노 연극의 기본 형식을 확립한 인물이다. 무대 연출가, 극작가, 배우로서 독보적인 업적을 남겼다.

는 사람은 보통의 능력을 가진 사람은 아닐 겁니다. 선禪을 깊이 탐구하고, 오랜 시간 좌선을 통해 자신을 단련한 사람이어야 가능했으리라 생각합니다.

마쓰시게 그것은 배우의 직업에서도 마찬가지입니다. 평가를 의식하거나, 연기를 통해 보여주고자 하는 것이 노골적으로 드러나는 연기는 못마땅해요. 제 개인적인 취향일 수도 있겠지만, 그런 '부자연스러운' 연기는 참 받아들이기 힘들더군요.

마스노 그러한 연기는 보는 사람의 상상력을 빼앗아 버리니까요.

마쓰시게 맞아요. 그런 점에서도 료안지의 돌 정원은 정말 놀랍습니다. 단지 흰 자갈과 15개의 돌만으로, 보는 이에게 이토록 강렬한 인상을 남길 수 있는지 신기할 따름이에요. 모래와 돌을 제외한 모든 것을 버린, 극도의 절제미가 느껴지는 선의 정원에 정말로 매료됐습니다. 이런 얘기를 하면서 마치 다 아는 것처럼 말하고 있지만, 실은 저도 마흔이 지나서야 비로소 그 감정을 느꼈습니다.

지금까지 료안지의 돌 정원에 네 번 다녀왔습니다. 첫 방문은 대학교 1학년 때였죠. 하지만 그때는 그저 긴 툇마루에 앉아서 시간을 보냈을 뿐이었어요. 정원을 보며 특별한 감흥을 느끼지는 못했습니다.

마스노 1990년대 초반, 미국 워싱턴주의 한 미술관에서 강연을 했어요. 나이 지긋한 여성분이 "료안지에 가봤는데, 그 정원의 어디가 좋은지 도무지 모르겠어요"라고 제게 질문했습니다. 저는 난감한 생각이 들었지만, 그분에게 물었죠.

"당신은 그 정원에서 무엇을 하고 싶었나요? 노래를 부르고 싶은 기분이었나요? 아니면 춤을 추고 싶은 기분이었나요?"

그러자 그분의 대답은 이랬습니다.

"아니요. 아무것도 안 했어요. 뭔지 모르겠지만 한 시간 동안 아무것도 하지 않고 계속 바라보고 있었어요."

마쓰시게 정말로 훌륭한 질문과 답변이네요(웃음).

마스노 그래서 저는 그분께 "그게 답입니다"라고 말했습니다. 료안지의 정원은 어떤 방식으로든 무언가를 느끼게 해주는 공간입니다. 하지만 그 여성분은 아직 그 메시지를 받아들일 준비가 되어 있지 않았던 것뿐이죠. 여기서 중요한 것은, 그 정원 앞에서 노래를 부르거나 춤을 추고 싶다는 충동이 들지 않았다는 겁니다. 그 자체로 이미 그 공간의 의미를 어느 정도 경험하고 계셨던 거죠. 질문자에게 "이 답으로 충분할까요?"라고 물었더니, 그녀가 "알겠습니다"라고 대답해 주셔서 저도 한숨을 돌렸습니다(웃음). 솔직히 저도 어떻게 설명해야 할지 몰랐거든요.

불교 마음 수업

선의 정원은 '거울'을 닮았다

마쓰시게   저도 그 말에 정말 공감됩니다. 대학생 때 처음 료안지를 방문했을 때는 그냥 그랬어요. 이후 가족 여행으로 다시 찾았고, 10년쯤 전에는 혼자 갔었는데요. 그때 처음으로 이런 생각이 들었어요. '아, 이런 그림을 관객이나 시청자에게 보여주고 싶다. 이것이 내가 추구하는 예술의 모습일지도 모르겠다'라는 생각이었습니다. 그렇게 돌 정원을 보면서 깨닫게 되었죠.

마스노   마쓰시게 씨가 인생 경험을 쌓은 덕분에 돌 정원이 전하는 메시지를 받아들일 수 있게 되신 거군요.

마쓰시게   료안지의 돌 정원을 비롯한 '선의 정원'은 마치 거울 같다고 생각해요. 내 현재 상태가 그대로 비치는 거죠. 무엇인가를 크게 기대하고 있거나, 심하게 두려워하고 있을 때, 그런 날것의 감정이 그대로 투영되니까 조금은 부끄럽기도 하지만요.

마스노   말씀하신 대로 '선의 정원'은 거울입니다. 자신과 마주하게 만드는 거울이지요. 하지만 그것이 거울임을 깨닫는 건, 마쓰시게 씨가 일상에서 꾸준히 자기만의 수행을 쌓아 오셨기 때문이라고 생각합니다. 료안지의 돌 정원은 보는 사람의 깊이와 역량을 시험하는, 어떤 면에서는 두

2장 소를 찾아 떠나는 여행의 시작

려움을 불러일으키는 공간이기도 하니까요.

마쓰시게   맞습니다. 그건 실제로 그곳에 가보지 않고서는 알 수 없는 감각이잖아요. 요즘은 스마트폰으로 정원의 사진과 정보를 얼마든지 접할 수 있는 시대지만, 이런 경험만큼은 디지털로는 결코 얻을 수 없는 것 같아요.

마스노   그렇지요. 디지털화가 진행되면서 다양한 가상 체험을 할 수 있는 세상이 되었기 때문에, 그 공간에 실제로 존재하는 것이 더욱 소중하게 느껴지는 것일지도 모르겠습니다. 그래서 기회가 된다면 료안지든 아니든 같은 '선의 정원'을 여러 번 방문하시길 권하고 싶습니다. 같은 정원이라도 지난해에 본 느낌과 올해 본 느낌은 분명 다르게 느껴질 것입니다. 자신이 성장한 만큼, 다시 말해 수행의 성과를 실감할 수 있는 계기가 될 테니까요.

불교 마음 수업

좋은 스승을
만난다는 것

_____ 잠재력을 꿰뚫어 보는 안목

마쓰시게　선禪에서는 스승의 존재도 굉장히 중요하죠. 세 번째 이
　　　　　「견우」 단계에서도 훌륭한 스승을 만났을 때 비로소 소의
　　　　　엉덩이가 어렴풋이 보이는 것이니까요.

마스노　　좋은 스승이란, 제자의 잠재력을 꿰뚫어 보고 그 사람이
　　　　　한 단계, 두 단계를 뛰어넘을 수 있도록 지도할 수 있는 사
　　　　　람입니다. 10명의 제자가 있다면 각각에 맞는 방식으로
　　　　　지도를 해야 합니다.

　　　　　선에서는 어떤 사람이든 좋은 스승을 만나면 길을 열
　　　　　수 있다고 생각합니다. 이와 관련된 선어禪語 중에 '삼급랑

'고어화룡三級浪高魚化龍'이라는 말이 있습니다. 세 단으로 이루어진 용문폭포를 잉어가 거슬러 올라가면 — 물론 수만 마리 중 한 마리 정도만 성공하지만 — 마침내 하늘에 이른다는 뜻이죠. 즉, 새로운 세계로 나아가는 것을 의미합니다. 우리가 흔히 쓰는 '등용문登龍門'이라는 표현도 여기서 유래했죠. 이는 아무리 어려운 일이라도 좋은 스승을 만나면 성공할 수 있다는 것을 보여줍니다. 마쓰시게 씨에게도 그런 스승이 있었나요?

마쓰시게 네, 제게 스승이라면 역시 니나가와 유키오˙ 선생님이 떠오릅니다. 대학 시절, 졸업 논문 지도 교수님께 제가 학생 연극으로 끝내지 않고 연극을 계속하고 싶다고 말씀드렸을 때, 교수님께서 "니나가와에게 가보라"고 추천해 주셨어요.

마스노 어떤 분이었나요? 니나가와 씨는 무섭기로 유명하시잖아요? (웃음)

마쓰시게 네. 지금은 그런 스승님을 찾기는 어려울 것 같습니다. 어쨌든 니나가와 선생님은 "(능력을)더 보여줘, 더! 남들과

˙   니나가와 유키오蜷川幸雄(1935~2016): 일본의 유명한 연출가, 영화감독. 대학교 교수 겸 예술감독. 매우 엄격한 지도와 연습을 많이 시키는 것으로 알려졌다. 일본뿐만 아니라 해외에도 널리 알려져서 '세계의 니나가와'라는 별명이 붙었다.

다르게 해라"라며 강하게 몰아붙이던 분이셨어요. 그 말
씀이 지금도 제 안에 깊이 박혀 있습니다.

마스노   아, 그것과 딱 맞는 말이 있어요. '훈습薰習'입니다. 절에서
는 초봄이 되면 겨울옷에 방충향을 넣고, 두꺼운 포장지에
접어서 보관합니다. 그러면 몇 달 뒤 향기가 옷에 스며들지
요. 마찬가지로 좋은 스승과 함께하면 행동에서부터 사고
방식까지 모든 것이 자연스럽게 스며든다는 의미입니다.

마쓰시게   니나가와 씨의 모든 방식이 '훈습'되면 좀 곤란한 점도 있
어요(웃음). 지금 시대의 기준으로 보면, 권위로 억누르려
는 면도 있었기 때문에 젊은 배우들에게 그 방식을 그대
로 전하는 건 어렵다고 생각합니다. 그래서 우리는 우리
시대에 맞는 새로운 방식을 고민해야 한다고 생각해요.

　하지만 그분은 정말 위대한 스승님이었습니다. 니나가
와 선생님의 가르침은 여전히 제 안에 계속 살아 있고, 그
때 배운 연기 공식 같은 것들이 지금도 여러 상황에서 저
에게 큰 도움이 되고 있어요. 무엇보다 '계속 연습하지 않
으면 내일은 오지 않는다'는 것을 철저하게 가르쳐 주셨
죠. 다만 저는 20대에 스승님 곁을 떠났기 때문에(웃음),
이후로는 누군가의 지도를 받지 않았어요. 그리고 40대에
만난 선禪의 가르침이 지금의 제 스승이라고 할 수 있을
거 같아요.

서툴어도 부딪혀도,
끊임없이 나아가야 하는 이유

_____ 단단한 각오로 불필요한 것을 덜어내기

마쓰시게   요즘 저는 환갑을 맞으면서 '불필요한 것을 덜어내는 것'
에 큰 관심을 갖게 된 것 같습니다. 그래서 료안지의 돌 정
원을 보고, 감히 이런 작품을 만들고 싶다는 생각을 하게
되었습니다. 2021년, 네 번째로 료안지에 방문했을 때 그
마음이 확고해졌죠. 하지만 그렇게 생각하기까지 저에게
도 역시 많은 일이 있었습니다.

마스노   많은 일이 있었던 거군요(웃음).

마쓰시게   배우로서 제가 느끼는 점인데요, 연기라는 것은 누구나
생각할 수 있는 것을 보여줘서는 재미없다는 대전제가 있

       불교 마음 수업

다고 생각합니다. 유치원 발표회나 초등학교 학예회 때부터, 보는 사람이 깜짝 놀랄 정도로 재미있지 않다면 굳이 할 필요가 없다고 느꼈습니다. 그래서 늘 남들과 다르게 표현하고 싶다고 생각했어요.

연기를 준비할 때도 마찬가지입니다. 슬픔을 표현하는 방법 하나에도, 단순히 울부짖는 것 말고 다른 방식은 없을까? 오히려 전부 속삭이듯이 표현하는 게 더 효과적이지 않을까? 하는 식으로 가능한 모든 방법을 열어두고 상상해 봅니다.

가령 대본에 "좋은 아침, 오늘 날씨 참 좋네"라는 대사가 있다고 해볼게요. 이 짧은 한 줄의 대사도 의문을 가지고 살펴보면 여러 가지 말투가 떠오릅니다. 대화의 상대가 당신을 죽이려는 마음을 품고 있을 수도 있고, 반대로 나는 상대를 아주 좋아하지만, 상대는 그것을 떨쳐버리고 싶어서 안달복달할 수도 있죠. 이런저런 상상을 통해 모의 실험을 해보는 겁니다. 저는 이런 상상이 너무 재미있습니다. 초등학교 때부터 해왔던 놀이의 연장선 같아요(웃음).

요즘도 여전히 여러 상상을 하지만, 현장에서는 그 모든 것을 잊고 임하려고 합니다. 마스노 선생님이 '선의 정원'을 만드는 과정도 그렇지 않을까 생각합니다. 이것저것을 더할 수 있지만, 결국에는 모두 덜어내는 과정이 필요하잖아요.

저도 마찬가지로 무수히 많은 표현을 상상하고 실험해 보지만, 마지막에는 단호한 마음으로 불필요한 것을 덜어 내려고 합니다.

____ 흔들림 없이 계속 생각해 온 것

마스노   정말 선의 철학과 맞닿아 있네요. 더하는 행위는 우리에 게 안도감을 주기 때문에 자꾸 더하고 싶어집니다. 반면, 빼는 것은 불안해지기 마련입니다. 그걸 해낼 수 있으려 면 마음이 상당히 정리된 상태여야 한다고 생각합니다. 마 쓰시게 씨는 어릴 때부터 그런 경향이 있었나요?

마쓰시게   결국 연극을 통해, 관객이 상상력을 최대한 자유롭게 펼 칠 수 있게 하려면 어떻게 해야 할까? 어떤 방법이 있을 까? 그 부분에 대해서는 나름 일관되게 고민해 온 것 같습 니다. 하지만 저도 한때는, 어떻게든 강렬한 인상을 남기 고 싶다는 부끄러운 욕심이 있었습니다.

마스노   그건 당연한 일이죠.

마쓰시게   남들과는 다른 표현을 하고 싶다는 마음도, 사실 작품 전 체를 더 좋게 만들겠다는 의도라기보다는, 솔직히 말해

불교 마음 수업

제 연기를 보고 '연기가 대단하다!'라는 평가를 받고 싶다는 욕망에서 비롯된 거였어요. 연기 자체가 하나의 경연대회처럼 느껴졌죠. 이런 마음을 떨쳐내는 데는 정말 많은 시간이 걸렸고, 뚜렷한 방법도 찾지 못했습니다. 하지만 『반야심경』을 읽거나 좌선을 흉내 내기 시작하면서, 그런 욕심과 조금씩 거리를 둘 수 있었던 것 같아요.

마스노   아직은 겨우 소의 뒷모습을 본 정도일지도 모르죠. 여기서는 아직 갈 길이 멉니다. 이 시기는 자기 자아와 주변 사람들의 자아가 부딪히고, 그러면서도 서로를 이해해 가며, 자신이 누구인지 서서히 밝혀 나가는 과정입니다.

마쓰시게   이런저런 일이 있는 것이 당연하겠네요(웃음).

마스노   네, 그럼요. 아직 소의 뒷모습밖에 보지 못한 단계니까요.

그런데 좀 전에 "관객의 상상력을 자극하는 방식에 대한 고민은 늘 변함없었다"고 하셨죠?

마쓰시게   네, 그렇습니다.

마스노   그것이 마쓰시게 씨가 발견한 '소의 꼬리'였을지도 모르겠네요. 자신이 나아가야 할 길이 희미하게나마 보이기 시작하는 것, 그게 바로 '진정한 나'를 찾아가는 과정이니까요.

아직 경험이 부족한 시기에는, 관계를 맺는 것도 서툴고, 자신의 재능이나 능력을 제대로 가늠하기 어렵습니다.

하지만 그렇기 때문에, "나는 할 수 있다"는 믿음이 더 강했을 수도 있습니다. 스스로를 믿고 싶다는 강한 마음이 있고, 쉽게 포기할 수 없는 상태라는 뜻이기도 해요.

빨리 소의 전체 모습, 즉 '진정한 나'를 보고 싶다는 열망도 컸을 테고요. 그와 동시에, 자신의 본모습이 드러나는 것에 대한 두려움도 함께 밀려왔을 겁니다.

마쓰시게 동자의 험난한 여정은 과연 어떻게 될 것인가! "다음 편에서 계속"이라는 느낌이네요(웃음).

불교 마음 수업

3장

**날뛰는 소와 씨름하며
성장하는 시간**

4 ———————————— 득우

동자는 마침내 소를 발견하고
소의 목에 밧줄을 걸어 힘으로 잡으려 한다.
하지만 소가 날뛰는 바람에 좀처럼 잡히지 않는다.

인생은 자기 자신과의 싸움,
방황 속 나를 찾는 여정

아욕과 의욕,
그 애매한 경계에 서다

───── 집착은 과연 나쁜 것인가?

마스노　소를 찾아 떠난 여정도 어느덧 중반에 접어들었습니다.

마쓰시게　동자가 드디어!

마스노　네, 소의 모습을 발견한 것 같습니다. 날뛰는 소와 한창 사
　　　　투를 벌이고 있는 모습이죠.

마쓰시게　무엇과 싸우고 있는 것일까요?

마스노　수행을 계속하면서 소의 엉덩이가 겨우 보이기 시작한 것
　　　　이 세 번째 「견우」 단계였습니다. 이제 이대로 나아가면
　　　　'깨달음'의 길을 걸을 수 있을 것 같았는데, 무언가가 방해
　　　　를 해서 더 이상 앞으로 나아갈 수 없네요.

마쓰시게　그 느낌, 알 것 같아요. 인생이란 늘 뜻대로 되지 않죠.

마스노　방해를 하는 건 다름 아닌, 우리 내면의 번뇌와 마음의 방황, 그리고 집착 같은 것들입니다.

마쓰시게　드디어 나왔군요, 번뇌….

마스노　번뇌란 마치 마음속에 쌓인 불필요한 체지방 같은 것입니다. 그것은 누군가가 없애 줄 수 있는 것이 아니라고 이미 말씀드렸지요. 네 번째 그림은 결국 수행이란 자기 자신과의 싸움이라는 것을 알려줍니다.

마쓰시게　이 단계를 삶의 나이로 비유하면 언제쯤일까요?

마스노　학교를 졸업하고 막 사회인이 되었을 때쯤일까요? 아직 자기 자신을 온전히 파악하지는 못했지만, 지금 눈앞의 현실이 마치 자기 삶의 전부처럼 느껴지는 시기입니다. 취직해서 사회의 일원으로 열심히 일하려고 다짐하면서도, 어쩌면 다른 길이 있었을지도 모른다는 생각에 사로잡혀, 자신이 선택하지 않았거나 선택할 수 없었던 가능성에 집착하며 방황하게 됩니다. 마치 고삐를 맨 소가 몸부림치는 것처럼, 또 다른 나의 마음이 날뛰며 자문자답을 끊임없이 반복하죠. 이「득우」를 인생에 대입해보면 그런 모습이 아닐까 싶습니다.

마쓰시게　마스노 선생님, 문득 궁금한 것이 있는데요. '집착'은 모두 나쁜 걸까요?

불교 마음 수업

마스노   붙잡은 것을 놓치고 싶지 않고, 놓지 않으려는 건 나쁜 집 착이지요.

마쓰시게   인생에서 '이것만은 양보할 수 없다'는 고집도 집착에 해 당할까요?

마스노   예를 들어, 마쓰시게 씨가 회사의 부장 자리에 앉아 있다 고 합시다. 그 자리를 절대로 양보하고 싶지 않고, 경쟁자 를 내쫓으면서까지 그 자리를 지키려고 한다면, 그것은 집착입니다.

마쓰시게   그렇다면, 그 자리를 지키려는 이유가 회사를 더 좋은 방 향으로 만들고 싶다는 신념 때문이라면요?

마스노   그것은 '향상심向上心'입니다. 아까 자아에 대해 처음 언급 할 때 '나만'이라는 생각이 문제라고 말씀드렸죠. '나만 이 득을 얻고 싶다'라는 것은 '아욕我慾'입니다. 이 이기심은 집착으로 연결되지요. 반면 같은 욕심이라도 자신의 삶을 더 나은 방향으로 이끄는 추진력이 된다면 이 욕망은 '의 욕意欲'입니다.

흐르는 구름처럼, 본질을 지키는 것

마쓰시게   아하, '아욕'과 '의욕'이군요. 이 둘을 구분해서 알아두는 게 좋겠네요.

마스노   네, 아욕은 덜어내야 합니다. 덜어내는 요령은, 먼저 상대방이나 주변 사람들이 함께 잘될 방법을 고민하는 것입니다. 그러면 자연히 나도 잘될 수 있죠.

마쓰시게   앞에서 선생님이 가르쳐주신 "제법무아諸法無我"와 같은 맥락이군요.

마스노   맞습니다. "집착은 모두 나쁜가요?"라는 질문이 나온 걸 보니, 마쓰시게 씨도 스스로 집착하고 있다고 느끼는 게 있나 보군요?

마쓰시게   네. 조금 찝찝하게 느껴지는 부분이 있긴 합니다. 제가 '좋은 작품'이라고 생각하는 기준이 있는데, 그 기준만큼은 쉽게 양보가 안 됩니다. '작품이 재미있는가, 재미없는가' 하는 감각조차 집착이라고 한다면, 그건 내려놓기가 참 어렵겠다는 생각이 들어요.

마스노   그 기준이란 어떤 건가요?

마쓰시게   요즘 저는 특히 정보가 과잉된 작품이나, 선과 악의 이분법적인 가치관으로만 설명되는 작품이 거북하게 느껴집니다. 그런데 가끔 불안해지기도 합니다. '그런 작품도 받아들여야 하는 게 아닐까?' 하는 생각이 들 때도 있고요. 어디까지가 집착과 아욕이고, 어디까지가 신념과 의욕인지 그 경계를 구분하는 게 참 어렵다는 생각이 들어요.

마스노 선禪에서는 '구름'이 자주 비유됩니다. 구름은 하늘에 둥둥 떠 있다가 남풍이 불면 북쪽으로 흐르고, 서풍이 불면 동쪽으로 흘러갑니다. 바람이 세게 불면 그 모습이 여러 가지로 바뀌기도 합니다. 변화무쌍하지요. 그러나 아무리 모양이 바뀌어도 구름이라는 본질은 변하지 않습니다.

　　마찬가지로, 우리가 지금 손에 쥐고 있는 형태만을 지키려고 하면 거기에 집착과 방황, 고통이 생깁니다. 본질을 잃지 않겠다는 '신념'은 계속 가져도 괜찮습니다. 아니, 계속 유지해야 합니다. 이게 답이 되었으면 좋겠네요.

마쓰시게 그렇군요. 그런 의미에서 「십우도」에 그려진 소를 찾는 여정에서도, 소를 구하는 이야기는 일관되더라도, 그 소의 형태는 사람마다 다를 수 있다는 것이군요. 여기서는 '소'라고 부르지만, 꼭 소일 필요는 없다는 거군요.

마스노 맞아요. 「십우도」 자체도 여러 가지가 버전이 있고, 소의 색이 점점 변해가는 그림도 있을 정도니까요.

남에게
잘 보이고 싶은 병

_____ 묵묵히 지탱하는 사람들의 '미혹'

마쓰시게 한 가지 더 여쭤보고 싶은 것이 있습니다. '미혹'이 생기는
원인에 대해서입니다. 저는 어떤 일을 하든 그 사람이 걸
어온 발자취는 분명히 남아 있다고 믿습니다. 저 같은 배
우는 작품 속 캐릭터로 자취를 남기기 때문에 바로 눈에
띕니다. 그러나 같이 일하는 스태프들은 자신의 발자취를
느끼기 어려울 거라고 생각해요. 하지만 배우는 스태프의
도움 없이 일을 할 수 없지요. 이것은 배우뿐만 아니라 모
든 일이 그렇습니다. 발자취는 어딘가에 분명히 남아 있
지만, 그것을 실감하지 못해서 고민하는 분들도 적지 않

불교 마음 수업

다고 합니다. 어떻게 생각하십니까?

마스노 현대 사회는 여러 가지가 복잡하게 얽혀서 하나의 결과물을 만들어내죠. 예를 들어, 우리가 사용하는 스마트폰도 내부의 부품이 하나만 없어도 제대로 작동하지 않지요. 하지만 그 부품을 직접 만든 사람일지라도 자신이 만든 부품이 어디에 들어가 있는지는 겉으로는 알 수 없습니다.

옛날에는 대장장이가 숟가락을 만들면 "이건 정말 잘 만들었네요, 사용하기 편하겠어요"라며 직접적인 평가를 받을 수 있었지요. 하지만 지금은 많은 사람들이 협력해서 만들어야 하는 복잡한 것들이 많아져서, 개인의 일이 제대로 평가받기 어려운 시대가 된 것 같아요.

마쓰시게 정말 그러네요.

마스노 그래서인지 '이런 삶의 방식이 정말 괜찮은 걸까?'라는 혼란이 쉽게 생기는 것 같아요. 마쓰시게 씨의 말처럼 우리 사회는 눈에 띄는 소수의 사람들만 주목받는 경향이 있지요.

마쓰시게 평가에 대한 태도는 매우 섬세한 문제라고 느낍니다. 나이가 들수록 즉각적인 결과에 대해서 의구심이 생기기 마련이죠. 평가를 그대로 받아들이는 것이 과연 옳은 것인가, 고민되기도 합니다.

마스노 사람은 누구나 타인에게 인정받고 싶어 합니다. 하지만 그 이면에는, 지금의 나보다 더 나은 모습으로 봐주길 바라는 마음이 잠재돼 있지 않나요? 제가 보기에는 인스타그램 같은 SNS에 행복한 순간만을 담은 '게시물'을 올리는 것도 그런 마음의 일종으로 보입니다.

「십우도」의 여정은 '남들이 나를 어떻게 볼까? 남에게 나를 어떻게 보여줄까?'가 아니라, 철저하게 '나 자신'이 어떤 모습으로 살아가고 싶은지, 나의 '본래 모습'은 무엇인지를 탐구하며 자기 내면을 깊이 들여다보는 과정입니다.

어디에서 누가 보더라도 '이것이 바로 나'라는 확신을 가지고, 자신이 이상적으로 생각하는 삶의 방식에 가까워지기 위해 노력하는 것, 그것이 소를 찾아가는 삶의 방식이라고 생각합니다.

마쓰시게 마스노 선생님이 인스타그램 '게시물'을 예시로 들어주셔서 조금 놀랐습니다(웃음).

─── 하고 싶은 일과 해야만 하는 일의 괴리

마스노 때로는 세상이 요구하는 것과 내가 하고 싶은 일이 크게 어긋날 때도 있습니다. 그것이 인정받든 그렇지 않든, 그냥 '상관없어요, 마음껏 평가하세요'라고 생각할 수 있다면 마음이 한결 가벼워질 텐데 말이죠.

불교 마음 수업

제가 학창 시절에 흙투성이로 정원 가꾸기에 열중하고 있을 때, 주변에서 "저 절의 주지 스님 아들은 참 특이하네"라고 말하더랍니다. '도대체 장래에 뭐가 될까?'하고 궁금해하기도 했다는데, 정작 저는 그런 말이 돈다는 걸 전혀 몰랐어요.

정원 가꾸기에 진심이었지만, 사실 부끄러운 일이 하나 있습니다. 10대 후반에 스승님과 만든 우리 절의 정원을 최근에서야 손봤어요. 그 당시에는 남들의 시선을 의식해서 만들었죠. 이제야 제대로 마주할 마음이 생긴 걸 보면, 한참 돌아온 셈이네요.

마쓰시게 선생님도 그런 시절이 있었군요.

마스노 젊을 때는 누구나 주변의 시선을 신경 쓰잖아요.

마쓰시게 맞아요, 저도 그랬어요. 연극은 무대가 영원히 남는 것이 아니니까 괜찮지만, TV나 영화는 영상이 기록으로 남으니 무섭더라고요. 자신을 드러내려는 마음을 떨쳐내지 못한 시절의 연기 영상을 보면 끔찍해서 지금은 도저히 보고 싶지 않아요. 저희 업계에서는 한 번 연기한 것을 다시 할 수 없으니, 그런 작품은 그냥 묻어버리는 수밖에 없습니다. 그나마 다행인 건, 저의 과거 작품은 마스노 선생님의 사찰 정원처럼 항상 눈앞에 보이는 것이 아니라서, 보고 싶지 않으면 안 보면 되지요. 특히 저는 과거 작품은 잘

안 보는 편이라, 부끄러운 과거를 놓아볼 필요가 없다는
점에서 다행이라고 생각합니다.

젊었을 때 저는 무대에서 연극을 하고 싶다는 열망이
강해서, TV로 얼굴을 알리고 싶다는 생각은 별로 하지 않
았어요. 연극 무대를 찾아주신 관객이 웃으며 돌아가면
그것만으로 충분했어요. 그것이 저의 일상이고, 그걸로 삼
시세끼 해결할 정도의 생활이 된다면 그저 만족했죠. 하
지만 연극만으로는 생계가 해결되지 않더군요.

30대 중반까지 먹고살기 위해서 아르바이트를 전전했
어요. 그런데 주변에 TV출연 배우들을 보니까 생활도 안
정되고, 연극을 보러 와주는 관객도 늘어나더라고요. 인지
도가 올라가면 캐스팅도 수월해지고 홍보도 잘 되고요.
배우에게나 제작자에게나 다 좋은 일이겠다 싶어서 TV에
출연하기 시작했습니다.

마스노 　방송은 연극 무대와 많이 달랐나요?

마쓰시게 　네, 막상 방송의 세계에 발을 들여보니 전혀 다른 분야더
군요. 처음에는 제가 하고 싶은 연기와 방송에서 요구하
는 연기 사이에 괴리가 느껴졌어요.

마스노 　아까 말씀하셨던, 세상이 원하는 것과의 차이 말씀이시
군요.

마쓰시게 　네, 그 차이를 극복하지 못하고 다시 연극 무대로 돌아가

불교 마음 수업

거나, TV에 맞지 않는다는 이유로 도태되는 경우도 많았어요.

하지만 저는 방송에서 제 역할을 하지 못하면 연극 무대로도 돌아갈 수 없다고 생각했어요. 게다가 저는, 방송 촬영 현장에서 키가 작은 여배우와 함께 나올 때면 "머리가 잘린다! 너무 크다니까!"라는 소리를 꽤 자주 들었기 때문에 연출에 맞춰 조절해야 할 게 많았죠. 하지만 어떻게든 그 세계에 맞춰가야 한다는 마음으로 40대까지 달려왔어요. 평가가 어쩌고 하는 이야기는 그다음 문제였고, 살아남아야겠다는 마음뿐이었죠.

마스노 　그 당시에는 답답함을 느끼셨나요?

마쓰시게 　답답함보다는, 나 자신을 잃으면 큰일이라는 경각심이 더 컸던 것 같아요. TV는 연극 무대보다 훨씬 큰 돈이 오가는 세계라는 것을 어렴풋이 느끼고 있었고, 욕망이 소용돌이치는 세계이기도 하니까요(웃음).

그래서 저는 '무대가 아니라 카메라 앞에서 연기하는 것뿐이다'라고 생각하려고 했어요. 연기의 본질은 변하지 않는다고, 그 점만은 흔들리지 않으려고 했습니다.

마스노 　마쓰시게 씨에게 '연기'는 형태가 바뀌어도 본질적으로 변함이 없는 '구름' 같은 것이었군요.

이상과 현실의 경계에서

마쓰시게 저는 대학 졸업 후, 니나가와 유키오 선생님이 주재하는 게키샤 니나가와 스튜디오에 들어갔지요. 그런데 이때, 26세에 퇴단하고 1년 반 정도 연기를 떠나 있던 시기가 있어요.

마스노 실례가 안 된다면 그때의 이야기를 조금 더 들을 수 있을까요?

마쓰시게 네. 니나가와 선생님은 정말 무서운 분이었어요. 하지만 제가 극단을 떠난 건 그 때문이 아니었어요. 저는 선생님을 존경했고, 그분도 저에게 기대를 걸고 있었지요. 그런데 어느 날, 갑자기 연습실에서 도망쳐버렸습니다.

마스노 그것이 26살 때인가요?

마쓰시게 네, 니나가와 스튜디오에 들어간 지 3년쯤 되었을 때입니다. 그 시기에, 니나가와 선생님은 상업 연극으로 방향을 전환하고 계셨어요. 많은 관객을 끌어모으고, 큰 극장에서 공연하며 연극계뿐만 아니라 연예계 전반에서 활약하는 재능 있는 젊은 배우를 주연으로 세우는 작품을 만들고 계셨죠. 그러다 보니 순수하게 연기를 좋아하는 마음만으로는 견디기 어려운 정치적인 부분이 드러나기 시작했죠. 쇼 비즈니스의 '비즈니스'가 너무 적나라하게 보였다고 할까요.

불교 마음 수업

마스노   결국 '하고 싶은 일'과 '해야만 하는 일' 사이의 괴리를 느꼈던 것이군요?

마쓰시게   아마도 그랬던 것 같아요. 제가 스튜디오를 도망쳐 나온 것은, 다음 작품의 준비가 막바지에 접어들 때였어요. 저에게 좋은 배역도 주어졌지요. 하지만 당시 저는 세상사의 밝은 면과 어두운 면, 좋은 것과 나쁜 것을 모두 받아들일 마음의 준비가 되지 않았었어요. 그래서 도망쳤어요.

마스노   그 정도로 모든 것이 준비되어 있었고, 더군다나 그 유명한 니나가와 씨의 보호막을 벗어나는 것은 상당한 용기가 필요했을 것 같은데요.

마쓰시게   저는 그때 그 세계로 돌아올 생각도 없었고, 돌아올 수 있을 거라고도 생각하지 않았어요. 제가 스튜디오에 들어갔을 때, 니나가와 선생님께서 "지금 너희들은 길 잃은 들개일지도 모르지만, 내가 3년 안에 늑대로 만들어서 세상에 내보내 주겠다. 나는 그런 일을 하는 사람이다"라고 말씀하셨어요. 정말로 멋진 분이라고 생각했어요.

하지만 3년이 지나자, 소속사에 들어가라, 홍보용 사진을 찍어라, 이런 요구들이 이어졌어요. 그때 문득 '내가 이걸 목표로 삼아온 건가?'라는 생각이 들었죠.

마스노   마치 성장통 같은 시기였네요. 니나가와 씨는 무척 화를 냈겠지요?

마쓰시게   그랬을 거라고 생각합니다. 하지만 한편으로는, 제가 선생님을 '배신했다'고 생각하시지는 않을 거라고 느꼈어요. 선생님 자신도 언더그라운드에서 시작해서 점점 노선을 바꿔 오신 분이니까요. 그런 우여곡절 속에서, 옛 동료들에게 '변절자'라는 말을 들으신 적도 있으셨죠. 하지만 그것은 모두 각자 연극에 대한 순수한 열정에서 비롯된 선택이었고, 니나가와 선생님도 그 점을 잘 알고 계셨을 거라 생각합니다. 물론 장문의 편지를 써서 드리긴 했지만, 아마 읽어보진 않으셨을 겁니다.

마스노   그 후 어떻게 지내셨나요?

마쓰시게   건설 현장에서 고소 작업을 하는 노무자로 일했습니다. 도비(철골공)로 일했죠.

마스노   고소 작업이라니, 정말 높은 곳에서 일하셨겠어요.

마쓰시게   정말 높았습니다(웃음). 현장 소장님이나 숙련된 기술자들이 훌륭해서, 그분들에게 배울 수 있는 기술은 최대한 익히려고 했어요. 조금 잘하면 칭찬 받기도 하고, 반대로 실수를 하면 혼나기도 했는데, 그런 나날이 정말 즐거웠습니다.

　　높은 곳에서 일하는 만큼, 기술이 없으면 버티기 힘든 세계였죠. 그래서 저도 실력을 키워서 좋은 기술자가 돼야겠다는 생각으로 열심히 하다 보니, 연기에 대한 생각은 완전히 잊어버렸습니다. 이 시기에 연극과는 완전히 담을 쌓고 지냈고, 연극을 보러 가는 일조차 없었어요.

마스노 무대로 돌아가고 싶다는 마음은 전혀 들지 않으셨나요?

마쓰시게 정말로 전혀요. 저는 건설 노동자로 뼈를 묻을 각오였어요. 그러나 그 당시 저보다 먼저 니나가와 선생님 곁을 떠난 배우 가츠무라 마사노부가 "딱 한 작품만 같이 하자"고 제안해 왔어요. 저는 "이제 돌아갈 생각 없어"라며 거절했지만, 결국 설득당해 딱 한 작품만 하기로 했죠.

마스노 그것이 돌아온 계기가 된 건가요?

마쓰시게 아니요, 저는 약속대로 딱 한 작품만 하고, 다시 건설 현장으로 돌아갔습니다. 그런데 그 후 작업 중에 추락 사고를 당했어요. 다행히 골절 정도로 끝났지만, 사고 후에 이런저런 힘든 일이 있어서 결국 회사를 그만두었습니다. 그때 저를 받아준 분이 지금의 소속사 대표입니다. 27살 때였어요.

마스노 운명의 톱니바퀴가 돌아가는 소리가 들리는 듯한 이야기군요.

마쓰시게 네. 제가 어떻게 하려고 해도 안 되는 일이구나 싶었어요. '이게 내 운명인가 보다' 하고 받아들일 수밖에 없었다고 할까요(웃음).

마스노 그게 바로 인생이라는 거죠. 자신의 힘으로는 어찌할 수 없는, 거대한 힘이 작용할 때가 있지요. 자신이 모든 것을 통제한다고 생각하지만, 마쓰시게 씨의 이야기에서 그렇지 않다는 것을 잘 알 수 있습니다. 이후에 계속 연기의 길을 걸으셨나요?

마쓰시게　네, 그렇습니다. 연극 무대로 돌아와서 처음 출연한 작품에서 후루타 아라타라는 '괴물' 같은 배우를 만난 것이 큰 도움이 되었어요. 그는 오사카에서 최고 인기 있는 극단의 간판 배우였어요. 마치 오사카에서 도쿄로 싸우러 온 듯한 배우였는데, 정말 재미있는 분이었어요. '아, 이 사람은 내가 도저히 이길 수 없다' 싶었습니다. 이후 여러 작품을 함께 했습니다.

　　후루타는 야구로 치면 괴물 투수인 마쓰자카 다이스케 같은 존재였어요. 차원이 다른 인물이었지요. 제가 배우로서 후루타와 정면 승부를 펼치는 것은 의미가 없다고 생각했어요. 그래서 그와 대등하게 맞서려면 나의 어떤 부분을 갈고닦아야 할지 필사적으로 고민했습니다. 20대였던 저에게 후루타는 연극 무대에서 만난 멋진 장인 같은 존재였습니다.

마스노　후루타 씨와의 만남이 배우로서의 각오를 다지게 해준 거군요?

마쓰시게　그렇죠. 이제는 마음을 다잡고 해야만 한다고 생각했습니다. 니나가와 선생님 밑에서 느꼈던 정치적인 부분도 모두 받아들이겠다는 각오로요. 하지만 그런 건 이제 중요하지 않았던 것 같아요. 그보다는 '저 사람은 왜 저렇게 재미있을까'를 고민하는 게 더 즐거웠고, 그 덕분에 배우로서 비굴해지지 않고 역할에 충실할 수 있었어요.

하지만 지금도 후루타한테는 약간 열받습니다(웃음). 얼마 전, 한 선술집에서 사인 요청을 받았는데, 이미 몇 개의 사인이 있더라고요. 그 아래에 제 사인을 했는데, 주인이 "얼마 전에 후루타 씨도 오셨었어요" 하는 겁니다. 아, 후루타 이름 아래에 내 사인을 해버렸잖아! 하고 속으로 이를 갈았습니다(웃음).

마스노 두 사람은 아주 좋은 관계군요. 아마도 서로 거칠게 부딪치며 성장한 시절이 있었기 때문이겠죠.

마쓰시게 네, 그때 저희는 정말 난리법석을 떨었죠. 마치 두 마리의 소가 씨름을 하는 것처럼, 서로 치고받으며 싸웠죠(웃음).

날뛰는 소를 간신히 길들일 수 있게 된 동자.
이제 소를 길들일 수 있게 되었다며 안심한다.

끝없는 수행, 번뇌를 비우다

내 마음을 지키고
다스리는 법

───── <고독한 미식가>와의 만남

마스노　동자가 소의 고삐를 잡고 걷고 있습니다.

마쓰시게　동자는 소와 친해진 것 같네요. '오른쪽으로 가라'고 하면
　　　　　소는 그 방향으로 가고, '멈춰'라고 하면 순순히 멈춰주지
　　　　　요. 동자도 안심한 표정을 짓고 있습니다. 수행의 의미도
　　　　　조금씩 알아가는 시기인 것 같네요. 소를 길들일 수 있게
　　　　　되어 동자는 안도감을 느꼈을 것 같아요.

마스노　마쓰시게 씨는, 길들이기 어려웠던 소를 다룰 수 있게 되
　　　　었다고 느낀 경험이 있으신가요?

마쓰시게　가장 알기 쉬운 예를 들자면, 〈고독한 미식가孤独のグルメ〉

(2012~)에 출연하게 된 일이겠죠.

마스노 　큰 인기를 얻은 드라마죠. 언제 어떻게 시작하게 되셨나요?

마쓰시게 　〈고독한 미식가〉가 시작된 건 제가 49세가 되던 해였습니다. TV 연기를 10년 정도 하다 보니, 이제야 방송 일이 어떤 것인지 조금 알게 된 시기였던 것 같아요.

처음 출연 제안을 받았을 때, 프로듀서가 심야 시간대의 드라마인데 대사도 없이 그냥 먹기만 하는 내용이라고 하더군요. 솔직히 저는 속으로, 그런 걸 보는 사람이 있을까?라고 갸우뚱했지요. 하지만 단순히 '먹는다'는 행동만으로 30분을 채우겠다는 기획이 흥미로워 보여서, 진지하게 임해보기로 했습니다.

시청자의 사랑을 듬뿍 받은 덕분에 〈고독한 미식가〉는 첫 방송 후 10여 년이라는 시간이 훌쩍 지나, 시즌 10까지 이어지는 긴 호흡의 작품이 됐습니다. 처음엔 이렇게 오래갈 줄은 상상도 못 했죠. 시즌 1이 끝나고 후속작을 만들기로 했을 때는 '어? 다시 해도 되는 거야?'라는 기분이었고, 시즌 3이 나올 때는 '진짜 계속해도 돼?' 하는 느낌이었죠. 그렇게 하다 보니 어느새 10년이 훨씬 지났네요.

마스노 　그렇군요. 소를 얻는 네 번째 「득우」 단계를 지나 이제는 소를 길들이는 다섯 번째 「목우」 단계로 접어드셔서, 이제는 욕심을 다 내려놓으신 것 아닐까요?

　　　　　　　　　　　　　　　　　　　불교 마음 수업

마쓰시게 글쎄요. 다만, 제가 지금까지 쌓아온 연기 기술이 아니라, 그저 음식과 마주하는 시간을 보여드리는 것뿐이었어요. 시청자분들이 좋게 평가해 주실 거라고는 생각하지 못했는데, 의외로 좋은 반응을 얻었죠. 그때 '어라? 왜지?'라고 생각했어요.

마스노 '연기하는 마쓰시게'가 아니라, 마쓰시게 씨의 있는 그대로의 모습에 시청자들이 매력을 느낀 게 아닐까요?

마쓰시게 처음에는 '사람들이 과연 재미있게 봐줄까?' 하는 고민이 많았습니다. 하지만 심야 시간대의 방송이라 보는 사람도 적을 테니, 차라리 연기하지 말고 그냥 눈앞의 음식을 먹는 데만 집중해보자고 마음먹었죠. 어떻게 보면 모험이었어요. '이렇게 먹으면 화면에 예쁘게 나오겠다', '이렇게 하면 맛있어 보이겠지' 같은 건 전혀 생각하지 않고 그냥 먹기만 했으니까요.

　게다가 드라마 제작팀이 아니라 예능 제작팀에서 촬영한 것도 의외로 좋은 결과를 낸 것 같아요. 드라마 제작 노하우가 없어서 정말 담담하게 찍는 것 외에는 할 수 없었거든요. 지금 생각하면 그런 솔직한 면이 신선했던 것 같아요.

진심에 깨달음이 깃들다

마스노   그런데 지금까지 연기를 갈고닦아 온 배우로서, 연기를 하지 않고 음식을 먹는다는 것은 오히려 어려운 일이었을 것 같은데요?

마쓰시게   저는 〈고독한 미식가〉 촬영 때 항상 배가 고픈 상태로 현장에 갑니다. 그리고 본 촬영에서 처음으로 해당 회차의 음식을 접하죠. 그러다 보니 한 입 먹었을 때, 예를 들어 "우와, 너무 매워"라는 반응이 나왔다면 그건 대본에 있는 대사가 아니라 실제로 제가 느낀 감정 그대로 반응한 겁니다. 그런 걸 그대로 화면에 담는 작업이기 때문에 오히려 연기력이 필요 없다고 해야 할까요….

요즘 TV프로그램들은 점점 더 설명이 많아지는 경향이 있어요. 가령, 먹는 장면도 '시청자가 이해하기 쉽게 맛있어 보이는 표정을 지어 주세요'라든가 '와, 이거 정말 맛있네요!' 같은 대사를 요구하는 경우가 많죠.

이런 작품의 홍수 속에서 〈고독한 미식가〉는 저에게도 하나의 사건이었습니다. 시청자가 이런 작품을 사랑하고, 재미있다고 하는 것, 그리고 그 순간순간의 느낌을 믿고 표현하는 자세가 결국 제가 앞으로 나아가고 싶은 길과도 맞닿아 있다는 걸 깨달았어요. 〈고독한 미식가〉를 통해 제 가치관을 비롯해 여러 생각과 마음이 정리된 느낌이었습니다.

마스노   지금 말씀하신 내용은 마치 군더더기를 빼는 것으로 완성되는 선禪의 사상과 닮아있네요. 그리고 오랜 시간 꾸준히 연기를 해오신 동안, 마쓰시게 씨가 가지고 계신 '그저 거기에 존재할 수 있는 힘'을 알아보고, 지켜보며 응원하는 누군가가 분명 계시는 거죠.

마쓰시게   정말 감사한 일이죠. 배우는 아무리 작은 역할이라도 "어, 저 사람 누구지?" 하고 시선을 끌 수 있는 순간이 있어요. 가령 스쳐 지나가는 간호사 역할인데도 연기가 인상적이면 그걸 기억해 두게 되고, 언젠가 함께 작업하고 싶다는 생각이 들기도 하죠. 그러다 정말로 그 배우를 다시 만나는 기회가 찾아오기도 하고요.

그래서 저는, 자기 개성을 앞세우고 싶어 하는 배우일수록 욕심을 내려놓는 것이 중요하다고 생각해요. 작은 동작이라도 진심을 담아 연기하는 것이 더 값지죠. '나 좀 봐줘!'라는 얼굴을 한 연기자보다, 진짜 간호사처럼 자연스러운 움직임을 보이는 연기자가 더 마음을 사로잡거든요. "저 사람, 정말 엑스트라인가?" 하고 궁금해질 정도로요.

그렇게 열정을 쏟다보면, 언젠가 반드시 누군가 알아보고 손을 내밀어 줄 거라 생각해요. 저 역시 긴 무명 시절을 거치면서 그런 방식으로 기회를 얻을 수 있었으니까요.

운이 좋든 나쁘든
흔들리지 않는 마음이 중요하다

—— 선택 기준은 하나, 나에게 매력적인가

마스노　매화나무 이야기를 기억하시나요?

마쓰시게　남풍이 불기 전부터 조용히 꽃을 피울 준비를 하고 있었다는 매화나무 이야기죠?

마스노　매화나무는 아름다운 꽃을 피우려는 욕심 때문에 미리 준비한 것이 아니었습니다. 그저 자신이 해야 할 일을 묵묵히 했을 뿐이죠.

　　　물론 자신이 가고자 하는 방향을 정하는 것은 중요합니다. 왜냐하면 레일을 어디로 놓아야 할지 모르면 기차가 방향을 잃고 엉뚱한 곳으로 가게 될지도 모르니까요.

하지만 가야 할 방향을 정하고, 지금 해야 할 일을 하나하나 해나가면 자연스럽게 목표에 도달할 수 있습니다.

삶은 선택의 연속입니다. 그 선택의 순간에 손익을 따지는 대신, '나에게 매력적인가'를 기준으로 삼는다면 결국 자신에게 가장 좋은 길이 열리게 됩니다.

반대로 '손익'은 시대의 흐름에 영향을 많이 받습니다. 예를 들어, 1950년대에서 1960년대에는 좋은 대학을 졸업하면 대부분 섬유업계로 진출했습니다. 하지만 이후 섬유업계 경기는 하락했죠. 비슷한 일이 야마이치 증권이나 도시바에서도 일어났습니다. 손해를 보거나 이익을 얻는 일은 결국 결과론적인 이야기라 개인이 예측하기 어렵습니다.

하지만 자신이 매력적이라고 생각하는 것을 기준으로 길을 개척해 나가다 보면, 신기하게도 점차 좋은 인연이 생깁니다. 이것은 정말 불가사의해서 설명하기 어렵지만, 인연은 그렇게 자연스럽게 열리게 되는 거죠.

마쓰시게 　인연과 운은 비슷한 개념일까요?

마스노 　흔히들 '운이 좋다'는 말을 많이 하죠. 예를 들어, 대학을 졸업해서 같은 과의 친구를 어딘가에서 우연히 만났다고 가정해 봅시다. 이것은 '운이 좋다'라고 할 수 있죠. 이런 일은 인연이 아니라 단순히 운에 해당합니다. 예상치 못한 일이 갑작스레 일어날 때를 '운이 좋다'고 표현합니다.

한편, 인연은 한번 좋은 인연을 맺으면 좋은 쪽으로 자꾸만 굴러갑니다. 좋은 인연이 더 좋은 인연을 부르고, 마치 눈덩이가 구르며 커지는 것처럼 좋은 일이 이어집니다. 이것이 바로 인연이 열리는 과정입니다.

하지만 그 반대도 있습니다. 나쁜 인연을 맺으면 점점 더 나쁜 쪽으로 끌려가게 됩니다. 사람은 뜻하지 않게 나쁜 인연을 맺게 되는 경우도 있지요. 그래서 일본에서는 한 해의 마지막 날, 제야의 종을 울리며 나쁜 인연을 쫓아내고, 새해에 좋은 인연을 맞이하기 위해 초하루 참배를 갑니다.

_____ 좋은 인연을 알아차리는 지혜

마쓰시게 자신의 인연을 알아차리는 지혜 같은 것이 있을까요?

마스노 결국, 본인의 마음가짐에 달려 있다고 생각합니다. 매일 성실하게 최선을 다해 살아간다면, 마쓰시게 씨가 그랬던 것처럼 누군가가 반드시 지켜보고 있을 것입니다. 좋은 인연을 한순간에 끌어당기는 마법 같은 것은 안타깝게도 없는 것 같아요.

마쓰시게　역시 매일이 수행의 연속이라는 말씀이군요.

마스노　그렇습니다. 그래서 살아 있는 한 수행은 끝나지 않습니다. 다섯 번째의 그림 「목우」처럼, 소를 길들였어도 여전히 남아 있는 번뇌의 씨앗을 하나씩 제거해 나가는 수행을 계속해야 합니다. 조금이라도 자만하는 순간, 기다렸다는 듯이 함정이 모습을 드러낼지도 모르죠. 다섯 번째 단계인 이 「목우」그림은, 우리 마음이 느슨해질 때 찾아오는 잡념에 대한 경고의 메시지를 담고 있습니다.

　30대가 되면 직장 생활에 익숙해지면서 동시에 더 많은 책임 있는 일을 맡거나, 가정을 꾸리는 등 바쁜 나날을 보내게 되지요. 그렇다고 해서 생각을 멈춰서는 안 됩니다. 눈앞의 일에만 매달려 깊이 생각하는 걸 포기하는 것은, 불교에서는 수행 자체를 중단하는 것과 마찬가지로 여깁니다. 생각하는 것과 고민하는 것은 다릅니다. 불필요한 걱정에 빠질 필요는 없지만, 인간은 계속 생각해야 하는 존재입니다. 이는 수행의 본질이기도 합니다.

6 ——————— 기우귀가

十牛圖

騎牛歸家

동자는 소 등에 올라타 피리를 분다.
소는 날뛰지 않고 앞으로 나아가고,
드디어 동자는 자신의 집으로 돌아간다.
동자는 소와 하나가 되어, 마침내 '깨달음'을 얻었다.

내 마음을 온전히
내 것으로 만들다

관점을 바꾸면
세상이 새롭게 보인다

───── ## 되찾은 나의 자리, 가끔은 의자 바꿔 앉기

마쓰시게 동자가 소 위에 올라타 있군요. 드디어 이런 날이 왔네요! 감회가 새롭습니다.

마스노 동자의 여정도 어느덧 절반을 넘어, 소와 훨씬 가까워진 모습입니다. 여섯 번째 그림은 동자가 소 등에 올라타 피리를 불며 집으로 돌아가는 장면입니다.

마쓰시게 말과 사람이 하나 되는 '인마일체人馬一體'가 아니라 사람과 소가 하나된 '인우일체人牛一体'군요. 정말 즐거워 보입니다.

마스노 소가 더 이상 날뛰지 않습니다. 드디어 '깨달음'의 경지에

도달한 상태라고 할 수 있습니다.

마쓰시게 집으로 돌아간다는 건, 이 여정도 이제 끝이 가까워졌다는 뜻일까요?

마스노 여기서 말하는 '집'은 단순히 원래 살던 곳을 의미하지 않습니다. 동자가 마침내 돌아가야 할 곳, 즉 '진정한 자신의 자리'인 것이죠.

그동안 수행을 하면서 동자는 수많은 번뇌와 마주하고, 그와 싸워 왔습니다. 하지만 이제는 그 번뇌에서도 벗어나, 드디어 자신이 있어야 할 곳을 찾은 것입니다.

마쓰시게 만약 이 시점을 나이로 비유한다면, 몇 살 정도로 볼 수 있을까요?

마스노 40대 즈음이 아닐까요. 일이 어느 정도 익숙해지고 자신감도 생기며, 내가 잘하는 것과 못하는 것이 분명히 보이기 시작하는 시기죠.

물론, 인생 전체에 만족하고 있다는 의미는 아닙니다. 아직은 더 높은 곳으로 오르고 싶은 욕망도 있을 수 있습니다. 하지만 이제는 관점을 조금 바꿔보자는 생각이 들기도 하죠. 오로지 위로 오르는 것에 집착하지 않고, 잠시 멈춰 서서 자신을 돌아보기도 하지요. 자신이 있어야 할 자리를 찾았을 때, 사람은 그런 마음을 갖게 되는 것 같아요.

마쓰시게 제가 불교와 선禪의 가르침에 관심을 갖기 시작한 것도

불교 마음 수업

딱 40세 무렵이었어요. 하지만 깨달음의 경지에 도달했다고는 전혀 생각하지 않았습니다. 지금도 마찬가지고요….

마스노　어쩌면 깨달음의 문턱에 서 있었던 건 아닐까요? 이야기를 나누다 보니, 마쓰시게 씨는 자신을 아주 객관적으로 바라보시는 것 같습니다. 그 자체로도 깨달음에 꽤 가까운 상태라고 볼 수 있죠.

마쓰시게　만약 그렇다면, 그것은 배우라는 직업과 관련이 있을지도 모르겠습니다.

마스노　어떤 의미에서인가요?

마쓰시게　연기라는 것은, 기본적으로 자신이 아닌 다른 사람이 되는 것이죠. 다른 사람인 척한다고 할까요? 그런데 이 과정에서, 그 인물을 연기하는 나와 그것을 객관적으로 바라보는 또 다른 내가 존재한다는 것을 느낍니다.

마스노　그렇군요. 자기 자신을 제삼자의 시선으로 바라보는 거네요.

마쓰시게　네. 저는 인간이 이중적이거나 삼중적인의 성격을 가져도 괜찮다고 생각해요. 혼란에 빠져 우왕좌왕할 때, 한 발짝 뒤에서 조금 다른 내가 돼서 그 고민을 하는 나를 바라보면, 의외로 별거 아닌 문제처럼 보일 때도 있거든요. 마치 앉아 있는 '의자를 바꿔보는' 느낌이라고 할까요.

마스노　의자를 바꾼다니, 정말 좋은 표현이네요.

마쓰시게　네, 그렇게 의자를 바꿔보면, 사는 게 조금은 편해져요. 이런 감각을 저는 10대 때부터 느끼고 있었던 것 같아요. 그 방법이 재미있기도 하고 무엇보다도 저를 편하게 해주더군요.

마스노 와, 어린 나이에 이미 그런 통찰을 얻으셨다니 놀랍네요.

마쓰시게 아니에요, 그냥 놀이처럼 했던 거죠. 그런 습관이 몸에 배어 있어서 자연스럽게 객관적으로 사물과 상황을 보는 데 익숙해진 것 같습니다. 사실 이걸 '기술'이라고까지 할 수 있을지 모르겠지만, 고민이 많은 분들은 한 번쯤 '의자를 바꿔 앉는다'는 마음가짐을 가져보면 좋을 것 같아요.

요즘 일본에서도 연극을 교육 프로그램에 도입하려는 움직임이 조금씩 늘고 있는데, 해외에서는 이미 연극 기법을 활용한 수업이 꽤 활성화되어 있습니다. 저는 무조건 찬성하는 입장은 아니지만, 단순한 학예회 수준을 넘어서, 어린 시절에 좀 더 본격적으로 '연기하는 경험'을 해본다면, 다른 사람들이 나와 다른 시각과 사고방식을 가졌다는 걸 자연스럽게 체감할 수 있을 거라고 생각해요. 그러면 타인을 이해하는 상상력도 키워지고, 무엇보다 나 자신으로 돌아왔을 때 마음이 한결 편해질 겁니다.

사람들은 배우라는 직업이나 연기라는 행위를 대단한 것으로 여기는 경우가 많아요. 그러나 배우는 단지 주어진 대사를 연기하는 존재일 뿐이에요. 그렇게 거창한 일

불교 마음 수업

이 아니에요. 이건 정말 겸손이 아니고 제 솔직한 생각이에요.

마스노 　자신이 연기하는 배역을 통해 자신을 객관적으로 바라볼 수 있다는 점이 중요한 포인트군요. 그렇게 하면 자신의 장점과 단점도 명확히 보이겠네요. 좋은 점은 더욱 발전시키고, 부족한 부분은 보완할 수 있게 되고요. '의자 바꾸기' 이 방법, 정말 좋은 해결책인 것 같습니다.

———— 벽을 넘어 깨달음으로 가는 길

마쓰시게 　제가 여기서 이렇게 거창하게 이야기하고 있지만, 사실 40세 무렵에는 답답함을 느끼고 있었습니다. 여섯 번째 단계 「기우귀가」의 동자는 '깨달음'을 얻었다고 하는데 말이죠.

마스노 　아마 마쓰시게 씨도, 잠시 멈춰 서서 자신을 돌아보고 싶으셨던 게 아닐까요?

마쓰시게 　젊었을 때는 그저 주어진 대사에 온 힘을 다해 집중하는 것밖에 몰랐습니다. 그런데 어느 순간, 앞으로도 영화나 연극 무대에서 활동하고 싶다는 마음은 여전했지만, '나는 누구를 위해, 어떤 작품을 만들고 싶은가?'라는 질문이 머릿속에 떠오르더라고요. 그때부터 커다란 벽에 부딪힌 듯한 기분이 들었습니다.

게다가 그 무렵이 되면, 스승이셨던 니나가와 유키오 선생님처럼 엄격히 지적해 주시는 분들도 주변에 거의 없습니다. 촬영 현장에서도 "좋아요, 오케이입니다!"라는 말만 듣게 되고, "이건 아니에요"라고 솔직히 얘기해주는 사람들도 줄어들게 되지요. 이대로 가다가는 스스로의 틀에 갇혀 비슷한 연기만 하며, 점점 더 자신을 비대하게 만드는 것은 아닌가 하는 위기감이 들었습니다. 실제로 그런 분들도 보았고요. 저는 그래서는 안 되겠다고 생각했습니다.

마스노 　해답을 찾기 위해 자연스럽게 '선禪'을 찾게 되신 거군요.

마쓰시게 　네, 촬영 때문에 교토에 자주 가는 편이라 틈날 때마다 불상을 보러 가기도 하고, 사찰의 정원에서 시간을 보내곤 했어요. 그러다 보면 신기하게도 '지금 내가 해야 할 일'이 점점 명확해지는 걸 느꼈어요.

그 이후로 『반야심경』을 읽거나 좌선을 하기 시작했어요. 아마 그때가 액년厄年(운수가 사나운 해)이었나 봐요. 불혹이 지나 액년을 맞이할 무렵이 되면, 누구나 몸과 마음의 균형이 흔들리기 쉬운 시기잖아요.

말이나 글로는 전달할 수 없는 것

마스노 액년이라는 건 사람의 몸이 변하는 시기입니다. 남자의 경우 42세가 큰 고비인데요. 젊었을 때처럼 밤을 새워가며 일하다 보면, 이제부터는 건강에 문제가 생길 수 있으니 조심하라는 경고 같은 거죠. 이건 미신이나 속설이 아니라 오랜 경험에서 나온 통계적인 사실이에요.

마쓰시게 그렇군요. '잠시 멈춰 서라'는 말이 그런 의미에서도 중요하군요. 저는 이렇게 불교나 '선'의 가르침을 조금씩 접하면서, 거기서 많은 깨달음을 얻었습니다. 그리고 자연스럽게 연기를 대하는 태도도 선적인 사고로 바라보게 되었어요. 그게 제게는 가장 마음이 편안해지는 방법이더라고요. 문득 무로마치 시대의 배우, 세아미世阿弥도 어쩌면 그런 방식으로 예술에 접근하지 않았을까 하는 생각이 들더군요.

마스노 세아미가 저술한 『풍자화전風姿花伝』을 떠올리게 되네요.

마쓰시게 세아미도 역시 선의 세계에 발을 디딘 사람이었죠.

마스노 맞아요. 세아미도 말년에는 조동종曹洞宗의 승려가 되었습니다. 『풍자화전』에서 세아미는 "정말로 중요한 것은 말이나 글로 표현되지 않는다"고 말하고 있습니다. 이것은 선종에서 중요하게 생각하는 개념인 '불립문자不立文字, 교외

별전教外別傳**의 가르침과 같은 맥락입니다. 즉, 진리는 마음에서 마음으로, 경험을 통해 몸으로 깨닫는 것이라는 의미입니다. 세아미는 이러한 선의 가르침을 예술의 세계에 접목시킨 사람이었습니다.

마쓰시게 말이나 글로는 전달할 수 없는 것…. 정말 그렇습니다. 선과 예술의 세계는 깊이 연결되어 있다는 것을 깨닫게 됩니다.

마스노 마쓰시게 씨가 잠시 멈춰 섰을 때, 선의 세계에 가까워진 것은 어쩌면 자연스러운 일이었을지도 모르겠네요.

---

* '불립문자不立文字', '교외별전教外別傳': 선종 사상의 네 가지 핵심 표어(다른 두 가지는 '직지인심直指人心', '견성성불見性成佛')중 두 가지로, 진리는 문자로 전해질 수 없고 마음에서 마음으로 직접 전해진다는 선종의 가르침을 담고 있다.

불교 마음 수업

세상을 유연하게 받아들이는
마음의 지혜

──── 자신을 옭아매는 밧줄을 풀다

마스노 　불교와 선의 가르침을 접하면서, '자아'에서 벗어날 수 있었나요?

마쓰시게 　음. 솔직히 말해서, 바로 해방되기는 어렵다고 생각해요. 하지만 자아에서 자유로워지는 것이 하나의 목표이자 지침이 된 건 확실합니다.

마스노 　그건 어쩌면 시선을 두는 방향이 달라졌다는 의미가 아닐까요? 자아가 강하다는 것은 자신을 스스로 구속하고 있다는 뜻입니다. 그래서 꼼짝할 수 없게 되는 거죠. 자신을 옭아매고 있는 밧줄을 풀어 주면, 하나의 사물을 여러 시각에서 바라볼 수 있게 됩니다. 마음이 자유로워지면서, 세상을 더 유연하게 받아들일 수 있는 거죠. 저는 그것이야말로 지금 사회에서 가장 필요한 태도라고 생각해요. 후지산에도 여러 개의 등산로가 있지만, 정상은 하나뿐이잖아요.

마쓰시게 저 역시 자아에서 완전히 해방되었다고는 생각하지 않아요. 하지만 선을 가까이하게 되면서, 과거에 얽매이기보다 새로운 것들을 향해 나아가게 된 건 사실입니다. 이제는 오로지 새로운 것을 만들어가는 데에만 에너지를 쓰고 있어요.

지금 세상은 그런 방식으로 정면으로 부딪쳐서 새로운 표현을 만들어가야 한다고 생각해요. '아! 옛날의 그때가 좋았지'라고 말하기 시작하면 끝이 없으니까요. 게다가 나이가 들수록 육체도 쇠약해지기 때문에, 항상 새로운 자신을 만들어가면서, 그 안에서 또 다른 표현을 찾으려 하고 있습니다.

―――― 그 순간의 나를 작품에 담아내다

마스노 선에서 말하는 예술이란, 일상적인 수행을 거듭하면서 그 순간 자신이 깨달은 것을 표현하는 것입니다. 제 경우에는 정원을 조성하는 일이 곧 그런 표현 방식인데, 결국 중요한 건 그때의 나를 그대로 담아내는 것이죠.

마쓰시게 아, 그래서 마스노 선생님께서도 젊은 시절에 만든 정원을 다시 손보셨던 거군요.

마스노 네, 당시의 정원은 지금의 저를 담고 있는 공간이 아니었으니까요. 하지만 사람은 자신이 만든 작품이 사회적으로 평가를 받으면, 다음 작품은 더 큰 평가를 받아야 한다는 생각에 얽매이게 되죠. 그것은 누구나 마찬가지일 것 같아요. 그렇게 되면 마음이 경직돼서 사물을 유연하게 볼 수 없게 됩니다. 악순환이지요. 원래는 지금의 자신을 표현하는 것이 창작이라는 행위여야 하는데 말이죠.

마쓰시게 『반야심경』을 펼쳐 읽다 보면, 무언가에 얽매이거나 집착하려는 마음이 사라지고, '멈추면 녹슬어 버린다'라는 감각이 생깁니다. 그리고 선의 세계를 알게 되면서 '역할 만들기'를 거의 하지 않게 되었어요. 현장의 느낌으로 최선을 다하자는 생각으로 바뀌었죠.

다큐멘터리에 가까운 형태랄까요. 그런 자연스러운 반응이 화면에 그대로 투영될 때, 보는 사람들에게 더 큰 현실감을 줄 수 있다고 생각했습니다. 지금 제 관심은 다큐멘터리에 얼마나 가깝게 다가갈 수 있을까? 매우 제한된

자원을 활용해서, 더 넓은 공간을 만들어내는 '선의 정원'과 같은 세계를 어떻게 표현할 수 있을지에 쏠려 있습니다.

마스노   '이런 걸 보여주고 싶다'라는 식으로 의도하는 순간, 거기에 자의식이 개입하게 되죠. 그렇게 하지 않고, 자신이 느낀 그대로, 생각한 그대로를 표현하면 보는 사람에게 자연스럽게 전달된다, 그런 말씀인가요?

마쓰시게   네. 바로 그것입니다.

마스노   그런 걸 아는 것이 바로 '깨달음'입니다. 어떤 사실을 깨닫고, 그걸 바탕으로 삶의 방식과 행동을 바꿔가는 것, 그게 진짜 깨달음이죠. 조금씩이라도 꾸준히 쌓아가는 것이 중요합니다.

마쓰시게   하지만 저는 "내가 깨달았다"라고 생각하는 순간, 그건 결코 진짜 깨달음이 아니라고 생각해요. 그런 생각조차 계속 버려야 합니다. 어려운 일이지만, 그것도 수행이라고 생각하고 스스로에게 다짐하고 있습니다.

마스노   '나는 이미 깨달았다'라고 생각하는 배우가 연기하는 것을 보면, 뭔가 어설프고 위화감이 느껴지죠.

마쓰시게   맞아요! 그런 부자연스러운 연기가 가장 싫어요. "연기하려는 의도가 뻔해" 이런 말을 듣는 게 배우로서 가장 괴롭죠.

마스노   그러한 연기는 시청자의 상상력이 발휘되기 어렵지요.

불교 마음 수업

상상력을 자극하는 예술, '여백'의 미학

마쓰시게　그 상상력을 자극하는 대표적인 것이 료안지의 돌 정원, 즉 '선의 정원'이라고 생각합니다. 한정된 공간에서, 그것도 돌과 모래만으로 관람하는 모든 사람의 상상력을 자극합니다. 그것도 나이, 성별, 국적을 가리지 않고요. 정말 대단한 일이에요.

마스노　료안지의 돌 정원은 고작 75평밖에 되지 않는데 말이죠.

마쓰시게　저도 그런 경지를 목표로 삼고 싶어요. 이제 영화도 75분이면 충분하지 않을까요? (웃음) 꼭 3시간씩 필요하지 않죠. 최소한의 정보만으로도 관객에게 강한 울림을 줄 수 있는 작품을 만드는 것, 그게 앞으로 남은 제 인생의 화두예요.

마스노　한 가지 덧붙이자면, 료안지의 돌 정원은 단순해보이지만 아주 치밀하게 계산된 공간이에요. 예를 들어 그 정원은 남서쪽 모서리가 가장 높고, 기울어져 있습니다. 그리고 흙담의 높이도 일정하지 않아요. 수평으로 보이지만 미세한 차이가 있고, 지붕도 끝으로 갈수록 점점 좁아집니다. 이 정원은 원래 주지 스님이 손님을 맞이하는 '예의 방'에서 바라보도록 설계되었어요. 그래서 실제보다 더 넓고 깊이감 있게 보이도록 여러 장치가 숨겨져 있죠.

그리고 정원에는 15개의 돌이 다섯 개의 돌무리로 배치되어 있습니다. 그중 다섯 개의 돌과 세 개의 돌 사이에는 최대한의 '여백'을 두었습니다. 여기서 말하는 여백은 바로 '사이間', 즉 공간적 여유를 의미해요.

배우의 시선으로 보자면, 이 여백은 한 동작에서 다음 동작으로 넘어가는 '사이'이며, 대사와 대사 사이의 침묵에 해당한다고 볼 수 있어요. 예를 들어, 전통 연극인 '노能'*에서는, 전문 배우인 노가쿠시가 하나의 동작을 멈추고, 다음 동작으로 옮겨가는 순간의 긴장감, 그 '사이'에 가장 전달하고 싶은 중요한 의미를 담는다고 합니다. 이 '사이'는 동작으로도, 말로도 표현할 수 없는 것입니다. 그것은 당시의 몸 상태, 마음을 기울이는 방식에 따라서 매회 달라진다고 합니다. 일본 전통 연극의 대가 세아미도 그 '사이'의 중요성을 강조했습니다.

정원을 만드는 우리는 그것을 '여백'이라고 합니다. 사람들은 그 여백을 보면서 '이건 어떤 의미일까?' 하고 생각하게 되고, 그 과정에서 여운이 생기죠. 저는 일본 예술의 가장 중요한 부분이 이 '여백'이라고 생각합니다. 그리

---

* 노能: 일본 전통의 예술, 대사와 춤으로 구성한다. 그 연기자를 노가쿠시能樂師라고 하고, 세아미는 무로마치 시대에 일본 최고의 노카쿠시였다.

고 료안지의 돌 정원은 이렇게 정교하게 계산된 공간이면서도, 그것을 전혀 티 내지 않는다는 점이 놀랍습니다.

마쓰시게 전혀 인위적이지 않다는 거군요. 배우에게도 '사이'는 매우 중요한 요소입니다. '사이'를 말로 설명하기는 쉽지만, 그것을 실제로 표현하는 건 어려운 일이죠.

예를 들면, '여기서 반 박자 늦춰야 해', '반 박자 빠르게 해야 해' 같은 감각이 있지만, 누군가 "그게 정확히 몇 초 차이인가요?"라고 묻는다면 대답하기 어렵습니다. 그 순간의 공기, 분위기 속에서 만들어지는 '사이'이고, 기분에 따라서도 달라지니까요.

마스노 그야말로 '불립문자不立文字'라고 할 수 있겠네요.

마쓰시게 말이나 글로 설명할 수 없는 중요한 것들…. 아, 그렇군요! 정말 그렇습니다.

진정한 자신의 자리로 돌아온 동자는 완전히 편안해보인다.
그림 속에는 더 이상 소의 모습이 보이지 않는다.
동자는 간신히 데려온 소를 깨끗이 잊어버린 듯하다.

깨달음을 의식하지 않는 곳에
진정한 깨달음이 있다

어디에도 없지만
내 마음속에 있는 것

──── 결국 모든 것은 자신의 마음에 달려 있다

마스노   아까 마츠시게 씨가 "깨달았다고 생각하는 순간, 그건 진짜 깨달음이 아니다"라고 하셨죠. 바로 그 깨달음조차 잊어버린 상태가 일곱 번째 단계인 「망우존인」입니다.

마쓰시게   정말로 잊어버린 건가요?

마스노   네. 열심히 찾아다니며 데려온 소까지 잊어버렸습니다. '내가 깨달았다'라는 의식조차 남아 있지 않습니다. 이것이 바로 진정한 깨달음의 세계라는 것을 보여줍니다.

마쓰시게   그 경지에 도달하는 것은 정말 어려운 일이겠네요.

마스노   그렇습니다(웃음). 그래서 수행하는 것이지요. 우리는 깨달음이 어떤 실체가 있는 것이라고 믿고 그것을 좇지만, 사실 깨달음은 형태도 실체도 없는 것이에요. 그것은 결국 자신의 마음속에 존재할 뿐이죠. 불안이나 걱정, 욕망 등은 모두 자신의 마음이 만들어내는 환상이나 망상에 불과합니다.

모든 것은 자신이 마음 먹기에 달렸다는 것을 깨닫는 것이 수행의 마지막 단계입니다. 그리고 그곳에 몸을 맡겼을 때, 동자처럼 마음 편안하게 쉴 수 있는 시간을 가질 수 있지요.

이「망우존인」의 단계는 인생으로 치면 50대 이후를 떠올릴 수 있을 것 같아요. 자기 할 일을 확실하게 할 수 있게 되고, 가정도 잘 꾸려나가는 시기일 것입니다. 회사에서도 특별히 의식하지 않아도 자연스럽게 일이 풀리고, 가정에서는 편안한 휴식처가 마련된 때죠. 모든 것이 억지스럽지 않고 자연스러운 흐름 속에서 이루어지는 상태입니다.

마쓰시게　여섯 번째「기우귀가」와 일곱 번째「망우존인」이 단계가 큰 고비이군요. 저는 이걸 넘어설 수 있을지 모르겠어요. 하지만 인생의 목표로 삼아야 할 방향이라는 건 확실하네요.

마스노　소를 완전히 잊어버렸다는 것은, 동자가 소와 하나가 되

　　　　　　불교 마음 수업

었다는 것을 의미해요. 다시 말해, 지금까지 찾아 헤매던 소, 즉 진정한 자신(본래의 자아)과 현재의 자신이 동일해 졌다는 것입니다. 그것이 목표였던 거죠.

마쓰시게 아, 드디어 쓸데없는 체지방이 붙어 있지 않은, 아름다운 모습의 진정한 내가 되었다는 말씀이군요. 맞아요, 결국 그것이 인생의 여정이자 수행의 궁극적인 목표였죠.

마스노 그렇습니다. 동자에게는 이제 더 이상 소가 필요 없다는 뜻이기도 합니다.

마쓰시게 그리고 그것을 잊고, 거기에도 집착하지 않는다…. 왠지 여기가 산의 정상인 것 같은 생각이 들지만, 아직도 일곱 번째 단계일 뿐이군요. 이후로도 여덟, 아홉, 열 번째 단계 가 남아 있잖아요.

마스노 맞습니다. 인생의 산을 오르고, 정상에서 멋진 풍경을 바라보며 진정한 만족감을 느끼게 됩니다. 각자 나름의 목표를 달성했다고 생각하는 시기입니다. 마쓰시게 씨의 말처럼, 이 일곱 번째 「망우존인」은 인생의 정점에 해당하는 장면일지도 모릅니다. 하지만 여기서부터 하산의 과정이 시작됩니다.

마쓰시게 하산인가요?

마스노 깨달음을 얻는 것이 목표가 아니라는 것이죠. 그 이후에 도 계속되는 것이 「십우도」의 깊은 지혜가 드러나는 부분이기도 합니다.

마쓰시게 씨, 드라마나 연극 무대에서 자신이 연기하는 배역에 대한 준비를 철저히 하다 보면, 실제 공연에서는 자신이 배역을 연기하고 있다는 사실조차 잊어버리는 경우가 있지 않나요? '이 장면에서는 이렇게 해야지, 저 장면에서는 저렇게 해야지'라고 생각했던 것들마저 잊어버리고, 무의식적으로 자연스럽게 연기를 하게 되지요. 의식조차 없어지고, 정신을 차려보면 이미 그렇게 연기하고 있는 것이죠. 이 상태가 바로 「망우존인」에 해당하는데요, 어떠신가요?

마쓰시게 그러한 경우가 있지요. 현장에서는 그동안 해왔던 모든 것을 잊어버린 것으로 해 두지 않으면, 억지스럽거나 과장된 느낌이 나오는 경우가 있거든요.

집에서 연습한 것과 현장의 요구가 전혀 다른 경우도 있고, 저는 그 현장에서 나오는 생생한 반응을 중요하게 생각하는 배우이기 때문에 이 「망우존인」의 상태를 가슴속에 잘 새기고 싶어요. 내가 의도한 것이나 예상한 것이 들어갈 여지가 없는, 무의식적으로 대사가 나오는 그런 상태가 아니면, 제대로된 표현이 아니라고 생각해요. 언제나 그렇게 연기할 수 있으면 좋겠네요.

마스노 마쓰시게 씨는 그렇게 하고 계신 것 같은 느낌이 들어요.

불교 마음 수업

마쓰시게 음, 아무래도 자아가 방해할 때가 있어요. 그건 상대에 따라서도 다릅니다. 예를 들어, 상대방이 너무 강한 자아를 드러낼 때, 저도 그에 맞서기 위해 자아를 강하게 발동할 수밖에 없을 때가 있어요. 이럴 때는 저의 마음이 흔들려서 "미안해요. 대사가 생각나지 않습니다"라고 변명을 하기도 합니다.

마스노 그럴 때는 다음 여덟 번째 단계인 「인우구망」으로 나아가면 해결될 수도 있겠네요.

4장
———

길 위에서 만난
고민들

마스노　지금까지 「십우도」의 첫 번째부터 일곱 번째 단계까지, 동자가 소를 찾아 나서는 모험의 여정을 함께 살펴보았는데요, 어떠셨어요?

마쓰시게　확실히 '선禪'의 가르침에는 우리가 살아가는 데 필요한 단서가 응축돼 있다는 생각이 듭니다. 이런 지혜를 적극적으로 삶에 활용할 수 있으면 좋겠다고 느꼈어요.

　하지만 동시에, 자아와 집착을 내려놓는 게 결코 쉬운 일이 아니라는 것도 실감했어요. 시간이 걸리는 일이겠죠.

　그리고 이런 깨달음 자체도 나이가 들었기 때문에 비로소 이해할 수 있는 게 아닐까 싶어요. 젊을 때는 누구나 눈앞의 일들에 휘둘리며 고민하기 마련이니까요.

마스노　아마도 여러분 각자가 겪는 고민이나 방황은, 지금까지 계속 이야기해 온 '자아'의 속박을 풀어낸다면 상당 부분 해결될 거라고 생각합니다.

　그럼, 「십우도」의 여덟 번째 단계로 넘어가기 전에 조금 방향을 바꿔서, 여러분의 구체적인 고민들을 한번 들여다보는 건 어떨까요?

마쓰시게　왠지 라디오의 고민 상담 프로그램처럼 느껴지네요. 재미있을 것 같은데요!

젊을 때는 고민이
많은 게 당연하다

고민 1   인생의 궤도를 벗어나는 것이 두렵습니다

중·고등학교를 졸업하고, 4년제 대학에 진학한 뒤 취업하는 '일반적인' 경로를 벗어나는 것이 두려워요. 도전도 중요하다고는 생각하지만, 다시 원래의 길로 돌아갈 수 없을지도 모른다는 생각에 두렵습니다.   (20세, 학생, 여성)

마스노   저는 미술대학교에서 강의를 하고 있습니다. 미술대학에는 정말 좋아하는 일을 하고 싶어서 입학한 학생이 많습니다. 제가 가르쳤던 한 학생의 이야기를 들려드릴게요.

그 학생은 대학 진학을 앞두고 미술 계열 학교에 가고 싶다고 부모님께 이야기했으나, 부모님은 "미술대를 나와서는 먹고살기 힘들 테니, 제대로 된 대학에 가라"며 미술대학 진학을 허락하지 않았습니다. 그 학생은 미대 입시를 포기하고 어느 4년제 대학에 진학했으나, 졸업 전 마지막 여름 방학 때 다시 부모님에게 자신의 의지를 밝혔습니다. "제대로 일반 대학을 다녔으니, 이제 미술대학 입시를 준비하기 위해 학원에 다니겠다"고요.

마쓰시게 4년이 지나도 원래 '하고 싶은 것'을 포기하지 않았군요.

마스노 미술 공부를 하고 싶은 마음이 간절했던 것이지요. 소를 찾아 떠나는 여행을 묵묵히 계속해 온 셈입니다. 결국 그 학생은 대학 졸업 후 다마미술대학에 1학년으로 입학했습니다. 다마미술대학에는 그 학생과 같은 과정을 거친 학생들이 더러 있어요.

마쓰시게 하지만 부모님이 정해주신 '일반 대학'에서의 공부도 도움이 되지 않았을까요? 그것도 수행의 길 중 하나였다고 생각합니다.

마스노 네, 맞아요. 그 학생이 다녔던 학교는 히토츠바시대학의 사회학부였어요. 지금은, 고향인 아이치현에서 남편과 함께 건축 설계 사무소를 운영하고 있습니다.

건축 설계 업무는 특히 행정적으로 처리할 일이 많아

불교 마음 수업

서 여러 당사자의 의견을 듣고, 이를 조율하는 것이 중요하다고 합니다. 다양한 의견을 듣고 일을 추진하기 때문에, 사회학부에서 배운 것이 큰 도움이 된다고 하더군요. 분명 건축만 공부한 사람이라면 쉽지 않았겠지요.

마쓰시게 히토츠바시와 같은 유명 대학을 나온 사람이 다시 미술대학에 가고 싶다고 하면, 보통은 다들 반대하잖아요, 일반적으로 쉬운 길이 아니니까요. 하지만 저는 어렵더라도 일부러 돌아가거나 옆길로 빠져보는 경험은 젊었을 때 꼭 해봐야 한다고 생각합니다. 그런 것이야말로 젊음의 특권 아닐까요?

제가 대학 졸업 후 뛰어든 길은 '니나가와 스튜디오'라는 꽤 험난한 길이었습니다(웃음). 사실 대학 시절 함께 연극을 했던 동료가 바로 그 미타니 코키(영화감독, 일본에서 '국민 각본가'로 알려져 있음)였어요. 저는 미타니 씨의 창단 공연에도 참여했지요. 그래서 그와 함께 계속 작업을 이어가는 선택도 가능했지만, 저는 니나가와 유키오 선생님께 갔습니다.

저는 미타니 씨가 그렇게 대단한 재능이 있을 거라고는 생각하지 않았어요. 지금 그의 맹활약을 보면, 제가 보는 눈이 없었구나 싶어요(웃음). 다만, 재능의 문제라기보다는 그가 하고 싶어 하는 연극과 제가 하고 싶은 연극의 방향이 달라서 그런 것이었지요.

미타니 씨는 학생 시절부터 TV에 출연해서, 방송사와 인연이 있었어요. 만일 그와 함께 일을 했다면 좀 더 수월한 길을 걸었을지도 모르겠네요. 지금은 니나가와 유키오와 같은 인물의 전설을 이야기하는 것 자체가 조금 어려운 시대가 되었지만, 그래도 혹독한 연습과 엄격한 규율로 알려진 니나가와 씨를 만난 것은 나름대로 의미가 있었다고 생각해요. 그 선택이 잘못되었다고는 전혀 생각하지 않습니다.

마스노 비슷한 제자가 또 하나 있습니다. 그는 조치대학교 경제학과에 입학해, 졸업 후 은행에 취직했습니다. 본점의 대출 담당자로 3년간 일했다고 해요. 그런데 어느 순간 이 일이 자신과 맞지 않다고 생각했다 합니다. 자신이 정말로 하고 싶은 일이 무엇일까 고민했고, 디자인을 해보고 싶다는 결론에 이르렀습니다. 그는 은행을 그만두고, 다마미술대학 1학년에 입학했습니다.

그는 현재 어떤 건축사무소의 차장으로 일하고 있습니다. 그는 관광지의 호텔이나 여관 설계에 뛰어나다고 해요. 게다가 건축주는 대부분 융자를 받아서 건물을 짓잖아요?

마쓰시게 아하!

불교 마음 수업

마스노 　네, 그는 건축뿐만 아니라 '이렇게 은행 융자를 많이 받으면 위험합니다'라고 대출에 관해서 조언을 해줄 수 있지요. 그게 그의 강점이고, 이러한 점은 고객과 신뢰를 쌓는 데도 도움이 되지요. 언뜻 보았을 때 멀리 돌아가는 길처럼 보여도, 결국 어떤 경험이든 반드시 자신의 일부가 된다고 생각해요. 물론, 진심으로 최선을 다해 열심히 부딪혔을 때라는 전제 조건이 붙기는 하지만요.

마스노 선생님의 답변

인생은 되돌릴 수 없죠. 후회 없는 삶을 살기 위해서는 어떻게 해야 할까요? 이것은 인생에서 매우 중요한 문제입니다. 하고 싶은 일은 아니지만, 안정적인 길을 선택할 것인가. 아니면, 불안하지만 꿈을 향해 한 걸음 내디딜 것인가. 어떤 선택이 삶의 마지막 순간에 후회를 남기지 않을까를 고민해보세요.

인생은 단 한 번뿐입니다. 그 사실을 다시 한번 깊이 생각해본다면, 결국 중요한 것은 '지금 이 순간을 온전히 살아내는 것' 아닐까요?

고민 2 '고생을 해본 적 없다'는 것이 콤플렉스입니다.

저는 중학교와 고등학교, 대학교를 모두 사립으로 다녔어요. 저희
집이 특별히 부유하다고 생각한 적은 없지만, 그렇다고 돈 때문에
힘들었던 기억도 없습니다.
그런데 대학생 때 친구에게 "너는 고생 한 번도 안 해본 것 같아"라
는 말을 듣고 마음이 조금 무거워졌습니다. 마치 '세상 물정 모르는
사람'이라는 말을 들은 것 같았죠. 물론 친구가 악의적으로 한 말은
아니지만요. 정말 고생을 해보지 않은 사람은 고생한 사람의 마
음을 이해할 수 없는 걸까요? 그들의 마음에 공감하고, 기댈 수 있
는 사람이 될 수 없는 걸까요?   (20세, 학생, 여성)

마쓰시게 이러한 고민을 하는 학생들도 있군요.

마스노 사람은 누구나 자신이 처한 환경에서 다양한 고민을 하며
살아간다는 걸 다시 한번 느끼게 됩니다.

마쓰시게 이 경우에는 제가 예전에 말씀드렸던 '의자 바꾸기'(153페
이지 참조)를 활용하면 좋을 것 같아요.

• 일반적으로 일본에서 중, 고, 대학 모두 사립에 다녔다는 이야기는
집안 형편이 넉넉하다는 것을 의미한다.

예를 들어, '미운 상사'라는 악역이 있다고 해볼게요. 인기 배우인 그녀가 그 상사 역할을 연기하게 되었다고 가정해 봅시다. 상사의 입장에서 세상을 바라보려고 하면, 자연스럽게 그 사람이 어떤 시각을 가지고 있는지 이해할 수 있어요. '아, 이래서 저 사람이 저렇게 행동하는구나. 그러니까 기분이 나빴던 거구나'라고 말이죠.

여기에 또 다른 인물, 동료 A를 추가해서 상사와 부하 직원의 관계를 제삼자의 시선으로 바라보면 어떨까요? 이렇게 역할을 바꿔 가며 상황을 관찰하면, 더 넓은 시야에서 관계를 이해할 수 있게 됩니다.

마스노 그렇게 역할을 바꿔 보면, 지금의 나라는 틀에서 벗어나서 새로운 시각을 가질 수 있겠네요.

마쓰시게 그렇습니다. 이렇게 '놀이'처럼 접근하면, 자신의 내면에 작은 극장이 생긴다고 볼 수 있어요. 그러면 그 안에서 벌어지는 이야기를 비극으로 만들 수도 있고, 코미디로 바꿀 수도 있죠.

상상력을 발휘하면 인간관계에서 비롯되는 갈등이나 부모와의 어려운 관계도 조금은 나아질 수 있을 거예요. 직접 겪어보지 않아도, 상상을 통해 다양한 문제의 해결책을 찾아볼 수 있죠.

결국 '상상하는 것'이 중요하다고 생각해요. 어떤 환경에 있는지, 가난과 배고픔 속에서 사는지, 혹은 전쟁과 위기의 상황에 처해 있는지를 상상해 보는 거죠. 뉴스, 다큐멘터리, 영화나 소설을 통해 그 상황을 간접적으로 경험하면서, 시대와 국경을 넘어 다양한 사람들의 입장에 공감할 수 있게 됩니다.

그리고 꼭 실제로 어려움을 겪지 않았다고 해서 부끄러워하거나 죄책감을 가질 필요는 없어요. 중요한 건, 상상을 통해 타인의 입장을 이해하고 다른 사람들의 삶에 다가가려는 노력 자체니까요.

　　칭찬과 인정도 받고 싶지만, 나만의 스타일도
　　　　　　지키고 싶어요

취미로 일러스트를 그려서 SNS에 올리고 있습니다. 제가 좋아하는
스타일을 고수하고 싶지만, 그렇게 하면 팔로워들의 반응이 좋지
않은 것 같아요. '좋아요'나 댓글이 많이 달렸으면 좋겠고, 사람들
의 관심을 받고 싶습니다. 하지만 좋아하는 스타일을 포기하고 인
기를 끌 수 있는 그림을 계속 그려야 하는 것도 고통스럽습니다.

〈20세, 학생, 여성〉

마쓰시게　　이것은 네 번째 단계 「득우」에서 말씀드린 '남에게 잘 보
　　　　　　이고 싶은 병'이군요.

마쓰노　　　예. 바로 그 고민입니다. 이것도 마쓰시게 씨의 '의자 바꾸
　　　　　　기'의 기법을 잘 활용할 수 있을 것 같아요.

마쓰시게　　아하!

마쓰노　　　의자 바꾸기를 통해 자기 작품을 객관적으로 바라보는 건
　　　　　　어떨까요?

마쓰시게　　자기 작품을 스스로 다른 시각에서 본다는 거군요.

마쓰노　　　맞습니다. 그렇게 하면 결국 자기 자신이 다른 관점에서
　　　　　　평가하는 것이 되는 거죠. 하지만 남의 시선을 그대로 받

아들이는 게 아니라, 여전히 자신의 눈으로 보는 것이기 때문에 흔들리지 않는 기준이 생깁니다.

마쓰시게 그렇군요, 표현하는 것도 자기 자신이고, 평가하는 것도 자기 자신이라면 다른 사람의 '반응'으로부터 거리를 둘 수 있겠네요.

마스노 그런데 마쓰시게 씨는 배우로서 다양한 역할 제안을 받으시잖아요. 모든 역할을 100퍼센트 만족하면서 받아들이시나요?

마쓰시게 음, 항상 타협합니다(웃음).

마스노 타협했다고 하는 것은….

마쓰시게 당연히 모든 역할을 100퍼센트 만족할 수는 없죠. 사실, 배우라는 직업은 작품을 촬영하는 감독에게 의존하는 일이 많습니다. 감독이 "오케이"라고 하면 저희 배우의 일은 거기서 끝나는 거죠. 솔직히 말해서, 배우 스스로 연기가 마음에 들 때까지 촬영을 요구하는 일은 있을 수 없습니다.

　　　예를 들어, 상대의 대사를 듣고 "어, 왜 그래?"라는 대사가 있다고 가정해 봅시다. '어'와 '왜 그래?' 중간에 적당한 '사이'가 필요하다는 생각이 들어서 배우가 그렇게 연기해도, 편집 과정에서 그 '사이'가 잘리는 경우가 있습니다. 제가 현장에서 "어… 왜 그래?"로 '사이'를 두고 연기했더라도, 최종적으로 스크린이나 TV에서 관객들이 볼 때는 '어,

　　　　　　　　　　　　　　　　　불교 마음 수업

왜 그래?'로 나올 수 있다는 얘기죠.

하지만 거기에 일일이 상처받으면 일을 할 수가 없습니다. 물론, 이런 일로 속상해하는 배우들도 있어요. 그러나 그것은 감독의 선택이고 역할입니다. 작품 전체를 총괄하는 감독이 배우가 생각한 긴 '사이'보다 짧은 '사이'가 더 좋다고 생각했다면, 그게 정답인 거죠. 마지막에 관객이나 시청자가 작품을 보고 '좋았다'고 느끼면 그걸로 된 거예요. 그래서 감독이 "이것으로, 오케이"라고 말하면, 저희 배우의 '납품'은 끝나는 겁니다.

마스노 '납품'이라는 단어를 사용하시는군요.

마쓰시게 아마 저만 쓰는 표현일 겁니다(웃음). 저로서는 배우의 일을 표현하는 가장 적당한 말이라는 생각이 들어서요.

마스노 그건 아마 자신의 표현에 집착하는 자아를 버렸기 때문일 겁니다. 그리고 역시 자신에 대한 확신이 있기 때문이죠. '삶아도 구워도 다 좋아요' '어떻게 보든 상관없어요'처럼 자신의 연기가 어떤 평가를 받든 괜찮다는 마음가짐은, 다른 사람의 평가에 휘둘리지 않는 자신감에서 나오는 것일 겁니다.

마쓰시게 배우라는 직업은 모든 것을 책임지는 역할이 아니잖아요. 작품은 감독을 중심으로 여러 사람이 함께 만들어가는 것이고, 배우는 어떤 의미에서는 하나의 작은 톱니바퀴 같은 존재입니다. 그런데 만약 배우가 자기 생각만 고집하면, "왜 내가 하고 싶은 연기를 못하게 하는 거야!"라는 엉뚱한 불만이 생기는 거죠.

마스노   '톱니바퀴'라는 말은 부정적인 뉘앙스로 쓰이곤 하지만, 사실 수많은 톱니바퀴가 맞물려 돌아가야 비로소 하나의 작품이 완성되는 거니까요.

마쓰시게   맞습니다. 그런데 반대로, 기획이나 제작 쪽에 서게 되면 또 다른 고민이 생겨요. '이 작품이 잘 안 되면 어떡하지?', '관객이 외면하면 어떻게 하지?' 같은 불안과 싸워야 하거든요.

저도 이제야 그런 일들을 시작했는데, 제가 기획한 작품을 세상에 내놓았을 때 관객으로부터 "재미있어요"나 "이 작품 덕분에 내일을 더 열심히 살고 싶어졌다"라는 반응을 들으면 정말 기쁩니다. 하지만 그런 반응을 얻기 위해서는 많은 사람들의 협력과 이해가 필요하고, 후원자들의 기대도 충족해야 하니, 이 나이에도 역시 고민이 끊이지 않습니다.

마스노   마쓰시게 씨는 이미 자신의 '소'를 잡은 분인 것 같아요. 배우로서 어떻게 연기해야 할지, 어떤 연기를 해야 관객의 마음을 사로잡을 수 있는지 이미 알고 계시잖아요. 다만, 이제는 또 다른 입장에서 작품 제작에 참여하시니, 새로운 단계에서 자아를 내려놓는 법을 다시 탐구하셔야 하겠네요.

마쓰시게 정말, 수행의 길은 멀고도 험난하군요(웃음).

마스노 어느 세계든 마찬가지겠지만, 모든 것이 창작자의 책임이라고 할 수는 없을 겁니다. 전에 제가 "료안지龍安寺의 돌정원은 관람자의 수준을 시험하는 무서운 정원"이라고 말씀드린 것을 기억하시나요?

마쓰시게 네, 기억합니다.

마스노 그것과 같은 맥락입니다. 정원이든 영상 작품이든 책이든, 결국 관람하는 사람의 역량에 따라 평가가 달라집니다. 무언가를 만들 때는 어떤 사람들에게 전달하고 싶은지, 구체적인 대상과 목표를 설정하는 것이 매우 중요합니다. 예를 들어, 모든 사람을 만족시키려고 한다면 범용성은 높아지겠지요. 하지만 깊이나 진정성이 희석될 위험도 있습니다.

마쓰시게 그 말씀을 들으니, 여태까지 고집부리며 날뛰는 제 '소' 하나만 생각했는데, 세상에도 각자의 '소'들이 있겠군요. 더욱이 SNS의 보급으로, 세상에 풀려난 수많은 소들이 전부 어떤 끈으로 연결되어 있는 듯한 느낌도 듭니다.

　어쩌면 작품을 발표한다는 것은, 그런 세상의 소들과 하나의 끈으로 연결되는 일일지도 모르겠네요. 스마트폰

안에서 전 세계의 소들의 모습을 손바닥 안에 두고 볼 수 있게 된 것이 조금 오싹하기도 합니다. 하지만 결국 그 세계에서 나도 숨 쉬며 살아가고 있는 이상, 어울려 조화롭게 살아갈 방법을 찾아야겠죠.

마스노 물론, 다른 소의 고삐를 내가 쥐어야 할 필요는 없습니다. 내가 다른 소까지 통제할 필요는 없으니까요. 예를 들어 볼까요? 저를 하나의 점이라고 가정해 봅시다. 마쓰시게 씨도 하나의 점, 여기에 고민을 털어놓으신 분들도 각각 하나의 점입니다. 이 모든 점들이 연결되어 하나의 원, 즉 세상을 이루고 있죠. 그중 하나라도 빠지면 원은 깨져버립니다.

　　　이 연결을 억지로 유지하려 하기보다는, '내가 존재함으로써 이 원이 완성된다'고 생각해 보면 어떨까요? 그렇게 생각하면 스마트폰이나 SNS를 둘러싼 문제에 대한 마음가짐도 달라질 겁니다. 내가 원을 위해 존재하는 것이 아니라, 내가 있음으로써 결과적으로 원이 유지되는 것입니다. 그렇게 생각하면 부담이 덜어질 겁니다.

마쓰시게 스마트폰으로 연결된 무수한 대중과 다양한 사람의 의견을 한 번쯤 생각해 보는 건 괜찮지만, 그걸 계속 생각하다 보면 점점 더 그것에 사로잡혀서 빠져나오지 못하게 되죠. 그러니 의도적으로 거리를 두고 생각을 털어내어 잊어버릴 수 있으면 좋겠습니다.

마스노 맞아요. 스마트폰에서 정보를 보는 것 자체는 결코 나쁜 일이 아니에요. 하지만 '아, 그렇구나. 이런 생각도 있네' 정도로 받아들이고, 그것을 마음 저편으로 밀어두는 연습을 해보면 좋을 것 같아요. 그런 '결단력'도 선에서 말하는 삶의 한 방식입니다. 마쓰시게 씨가 앞서 말씀하신 타협점을 찾는 것도 아마 그런 삶의 자세에서 비롯된 게 아닐까 싶습니다.

마스노 선생님의 답변 ─────────────

자신이 만족할 수 있는 그림을 그릴 것인가? 아니면 SNS에서 반응이 좋은 그림을 그릴 것인가? 고민하고 계시네요. 그림은 주변의 반응을 얻기 위해 그리는 것이 아닙니다. 그림은 자신이 느낀 것을 표현하기 위한 것이 아닐까요? 그림은 본질적으로 자기 자신을 표현하는 도구입니다. 다른 사람의 좋은 반응을 얻기 위해 그림을 그리는 것은 본말이 전도된 것이라 할 수 있습니다.

다른 사람의 평가는 자연스럽게 따라오는 것이니 신경 쓸 필요가 없습니다. 자신의 길을 묵묵히 꾸준히 나아가세요.

인간관계는 왜 이렇게
복잡할까?

고민 4 어색한 사람과 거리를 좁히지 못하고
        멀어졌어요

사람과의 관계가 왠지 잘 풀리지 않을 때, '상대방은 나를 이렇게 생각할 것이다'라고 내 멋대로 최악의 경우를 상상해서 상대를 피하고, 스스로 멀어져버리는 경우가 있습니다. 한 발 더 다가가서 이야기를 나누면 오해가 풀리고 친해질 수 있을 텐데, 왠지 귀찮아서 그냥 지나쳐버립니다. 실제로 나중에 내가 지나친 생각을 했다는 것을 알게 되는 경우도 있습니다. 이런 제 모습을 바꾸고 싶은데 어떻게 해야 할까요.   (40대, 회사원, 여성)

마쓰시게   '결단력'은 인간관계에서도 아주 유용한 태도인 것 같아요. 마스노 선생님께 공식적인 허락(?)을 받은 걸로 알고, 앞으로 적극적으로 써먹겠습니다.

마스노   네, 그럼요. 그것은 원래 선禪에서 비롯된 사고방식이니까 마음껏 활용해주세요(웃음).

마쓰시게   그럼 자신있게, 이 고민은 제가 답변드리겠습니다!

마쓰시게의 답변

어렸을 때는 모든 사람과 친해질 수 있고, 또 그래야 한다고 생각했습니다. 하지만 결과적으로는 저를 힘들게 하는 사람의 존재 때문에 늘 고민하고 괴로워하게 되더군요. 도망칠 곳이 없는 학교는 그야말로 지옥 같았죠. 사회에 나와서도 이것은 영원한 과제였습니다.

저만의 답을 말씀드리자면, 도망가고, 피하고, 그리고 끊어냅니다. 그런 관계에 고민하고 괴로워하는 시간조차 아까우니까요.

어쩔 수 없이 계속 부딪쳐야 하는 관계라면, 마음의 거리를 두고 적당히 조절합니다. 그러다 자연스럽게 멀어졌다면, '그런 인연이었구나'라고 생각하고 받아들이는 것이지요.

고민 5 코로나19 이후 정신을 차려보니 혼자가 되었어요

저는 현재 대학교 3학년입니다. 대학에 입학하자마자 코로나19가 시작되었고, 저의 학부와 학과는 주로 비대면 수업을 했습니다. 그러다 보니 친구 사귀기가 어려웠습니다. 올해 드디어 대면 수업이 시작돼서 '이제는 친구를 만들어야지!'라는 기대를 안고 학교에 갔어요.

여러 학과가 함께 수강하는 수업이었는데, 막상 들어가 보니 다른 학과 학생들은 이미 친한 친구들끼리 삼삼오오 모여 이야기를 하고 있더라고요. 알고 보니 그 학과들은 작년부터 대면 수업을 하고 있었다네요.

친구 사귀는 게 나만 너무 늦었나라는 생각에 조바심이 나지만, 옆 사람에게 말을 걸었다가 어색한 분위기가 되는 것도 싫고, 여기에서 억지로 친구를 사귀는 것이 무슨 의미가 있나라는 생각도 듭니다. 그렇다고 1년 내내 혼자 지내면, 남들이 '쟤는 왕따인가?'라고 생각할 것 같아서 불안합니다. (20세, 여학생)

마스노　코로나19는 젊은 세대에게서 너무나 소중한 시간을 빼앗아 갔어요. 선禪의 사고는 단점을 장점으로 바꾸는 것이지만, 그렇다고 해서 코로나바이러스를 없었던 일로 생각하기는 어렵습니다.

마쓰시게 어느 정도 나이를 먹은 사람은, 이 시간에 '평소에는 할 수 없었던 일을 할 거야!'라고 생각할 수도 있겠지요. 그러나 이 학생처럼 어쩔 수 없는 상황에 힘든 시간을 보낸 젊은 이들이 많았을 것이라 생각하니 마음이 아픕니다.

마스노 맞아요. 이 고민에는 두 가지 논점이 있다고 생각해요. 하나는 내 힘으로 바꿀 수 있는 것, 다른 하나는 바꿀 수 없는 것입니다. 우선, 바꿀 수 있는 것부터 살펴볼까요?

우리가 바꿀 수 있는 것은 '나의 행동'입니다. '올해는 꼭 친구를 만들어야지!'라는 마음으로 학교에 나갔다면, '선즉행禪卽行'이 답입니다. 친구를 사귀고 싶은 마음이 들었다면 그 감정을 믿고 즉시 행동해보는 거죠. 만약 말을 걸었는데 어색한 분위기가 된다면, 그때 가서 다시 생각하면 됩니다.

마쓰시게 비오는 날, 소쿠리를 들고 간 스님 이야기가 떠오르네요.

마스노 맞아요. 그렇게 우선 행동으로 옮겨보세요. 만약 실패하면 다른 방법으로도 해보고, 그렇게 나아가면서 자신을 변화시키다 보면 상황 역시 자연스럽게 변화해 있을 겁니다.

마쓰시게 요즘 젊은 친구들을 보면 너무 착해서 안타까울 정도입니다. 저희 때는 선생님이나 부모님께 반항하면서, 스스로를 시험해 보기도 했는데, 요즘은 그런 기회를 잃어버린 젊은이들이 많아 보이더군요. "좀 더 반항해도 괜찮아, 불안하다면 솔직하게 드러내도 괜찮아"라고 말해주고 싶습니다. 모든 걸 자기 안에 담아두고, '내가 부족해서 그래, 내 탓이야'라며 지나치게 착하게 구는 친구들에게는 특히 더요.

그런데 또 한편으로는, 나이 든 사람이 이런 말을 하면 괜히 젊은이들에게 부담을 주는 게 아닐까 싶어요. "부정적인 걸 긍정적으로 바꿔서 생각해 봐! 좀 더 반항심을 가져야지!" 같은 말을 들으면, 오히려 자기 내면의 목소리를 더 억누르게 될 수도 있잖아요.

요즘 친구들은 이미 마음의 문을 단단히 닫고 있는 것 같아서, 섣불리 조언하려 하기보다 끝까지 귀 기울여 주는 어른이 되고 싶다고 생각합니다.

마스노　이야기를 들어주는 어른들도 '답을 알려줘야 한다'거나 '이끌어줘야 한다'는 부담감을 덜어내는 게 좋겠죠. 젊은이들은 자신이 하고 싶은 이야기를 하고, 어른들은 그 목소리에 귀를 기울이며 듣기만 하면 됩니다. 굳이 답을 주지 않아도 좋아요. 그저 대화할 수 있는 시간이 주어지는 것만으로도 충분하죠.

마쓰시게　마스노 선생님의 말씀처럼 자기 행동은 바꿀 수 있지만, 코로나19 팬데믹 같은 일은 개인의 힘으로 어떻게 할 수 있는 범주를 넘어선 일이기도 했습니다.

마스노   시대라는 큰 물결은 개인의 힘만으로는 저항하기 어려운
        것이죠. 예를 들면 전쟁도 그렇고, 코로나19 이전에도 일
        본의 거품 경제 붕괴, 취업 빙하기, 미국의 투자은행 리먼
        브러더스 파산 등 여러 가지 어려운 시기가 있었습니다.
            에도 시대 조동종의 승려였던 료칸良寬의 말 중에 이런
        문장이 있습니다.
            "재난이 닥칠 때는 재난을 받아들이고, 죽을 때가 되면
        죽는 수밖에 없다."
            이것은 료칸이 대지진으로 아이를 잃은 친구에게 보낸
        편지 속 한 문장이에요.
            언뜻 차갑고 냉정한 말처럼 들릴 수도 있지만, 사실은
        굉장히 따뜻한 위로의 메시지예요. 지진과 같은 천재지변
        은 사람의 힘으로 어찌할 수 없는 일입니다. 그렇다면 현
        실을 받아들이고 그다음 행동으로 나아가는 수밖에 없습
        니다. 료칸은 친구에게 최대한의 위로를 전하고 싶었던
        거예요.
마쓰시게 지난 일을 뒤돌아보며 몸부림치고 괴로워해도 지진이 없
        던 일이 되진 않습니다. 료칸의 이 말을 '희망의 말'로 들
        을 수 있는 그런 유연한 태도를 가지고 살아갈 수 있다면
        정말 좋을 것 같아요.

대학의 학부나 학과에 따라 코로나19에 대한 대응이 달랐습니다. 실험, 제작, 창작 활동 등 원격 수업이 불가능한 학과나 학부는 일찍부터 대면 수업으로 전환했죠. 반면, 인문사회 계열은 원격 수업이 꽤 오랜 기간 지속됐죠. 그래서 학과 간 수업 경험에 차이가 생길 수밖에 없었습니다.

이럴 때는 가만히 있지 말고 이렇게 말해보는 겁니다.

"저는 이번이 첫 대면 수업입니다. 그동안 온라인 수업만 해서 친구도 없고, 대면 수업 방식도 익숙하지 않은데, 잘 부탁드립니다!"

이렇게 당당하게 말하는 것만으로도 분위기가 훨씬 달라질 거예요.

어른이 된다고
고민이 없어지는 건 아니다

고민 6 나이 먹는 방법을 모르겠습니다

나이를 어떻게 먹어야 할지 모르겠습니다. 결혼은 했지만, 아이가 없다 보니 20대, 30대, 40대를 지나면서도 제 위치나 마음가짐에 큰 변화가 없었습니다. 주변을 보면, 결혼하고 아이를 키우면서 자연스럽게 책임감도 커지고, 삶의 태도도 달라지는 것 같더라고요. 하지만 저는 그런 역할 변화 없이 지금까지 살아오다 보니, '내가 제대로 나이를 먹고 있는 걸까?' 하는 의문이 들기 시작했습니다. 어릴 때 상상했던 40대의 모습과 지금 제 모습은 좀 다른 것 같아요. 나이를 먹는다는 건 삶의 태도나 마음가짐도 함께 성장하는 과정일 텐데, 저는 그 방법을 잘 모르겠습니다.

당장 해결이 필요한 고민은 아니지만, 나이를 먹는다는 것이 무엇인지 그리고 어떻게 하면 나이에 걸맞은 성숙함을 가질 수 있을지 고민하게 됩니다.　(47세, 회사원, 남성)

마스노　우리는 해안에 파도가 밀려오는 것처럼 하루하루 나이를 먹어갑니다. 이것은 누구에게나 공평한 일이죠. 하지만 다가오는 하루하루를 어떤 태도로 맞이하느냐에 따라, 사람마다 조금씩 차이가 생길 수밖에 없습니다. 어떤 사람은 현실을 피하려 하고, 어떤 사람은 정면으로 받아들이면서 살아가죠.

　우리는 태어날 때 가진 것이 아무것도 없지만, 살아가면서 물건도, 역할도 하나둘씩 갖게 됩니다. 하지만 마지막 순간에는 결국 아무것도 가져갈 수 없죠.

　그렇다면, 인생의 끝자락에서 '아, 내 인생에 참 충실했구나'라며 만족할 것인지, 아니면 '난 이것도 못 해봤고, 저것도 못 해봤어'라며 후회할 것인지. 그 차이는 결국, 지금까지 하루하루를 어떻게 살아왔느냐에서 비롯됩니다.

마쓰시게　이 고민의 주인공은 나이를 먹는 방법을 모른다기보다는 '어릴 때 생각했던 40대의 모습과 현실이 너무 다르다'라는 고민을 하고 계신 것 같아요.

불교 마음 수업

마스노　맞아요. 실제로 나이 들어 보니, 예상과 달랐던 거죠. 어릴 때 봤던 40대들은 '모든 걸 경험한 어른'처럼 보였을 거예요. 하지만 막상 자신이 그 나이가 되어 보니, 여전히 모르는 것도 많고 어설픈 점도 남아 있죠. 이건 누구나 겪는 일입니다.

하지만 그렇다고 해서 '이 나이가 됐으니 이젠 늦었어'라고 생각할 필요는 없어요. '지금이 딱 좋은 때다!'라는 마음으로 시작하면 됩니다. 3년, 5년 꾸준히 하다 보면, 어느새 그것이 내 것이 되어 있겠죠.

마쓰시게　우리는 특정 나이에 대한 '사회적 이미지'를 가지고 있어요. 예를 들어, 제가 드라마에서 회사 사장 역할을 맡으면 '이 캐릭터는 몇 살입니다'라는 설정이 붙죠. 그러면 저는 '이 정도 나이면 머리가 희끗할까?' 같은 걸 고민하면서 관객이 이해하기 쉽게, 그 나이의 이미지에 맞춰 연기하게 돼요.

하지만 현실에서는 꼭 사회적 이미지에 자신을 맞출 필요는 없다고 생각해요. 가령, 97세가 됐을 때, "와, 전혀 그렇게 안 보이시네요! 건강하시네요!" 이런 말을 듣는 사람이 될 수 있다면 그게 이상적이지 않을까요?

드라마 〈컴컴 에브리바디〉의 배우 후카츠 에리 씨가 자신의 실제 나이보다 30살 어린 역할을 완벽하게 소화하는 걸 보면서 '나이라는 게 도대체 뭘까?'라는 생각이 들었어요.

그러니 나이에 대해 부끄러워할 필요도 없고, 억지로 젊어 보이려 할 필요도 없어요. 나이는 그냥 하나의 숫자일 뿐이고, 그 경계선은 점점 더 흐려지고 있다고 생각해요. 앞으로는 나이에 따른 속박 같은 건 점점 더 필요 없는 시대가 되지 않을까 싶어요.

마스노 맞아요. 앞으로는 더욱 그렇게 될 겁니다.

마쓰시게 그래서 학교도 학년으로 나누기보다, 배우고 싶은 사람은 먼저 나아가고, 좀 더 천천히 가고 싶은 사람은 그렇게 하면 좋겠어요. 나이라는 것이 그저 숫자에 불과한 그런 세상이 된다면 정말 멋질 것 같아요.

마스노 질문하신 분도 하루하루를 성실하게 살아가다 보면, 어느 순간 나이 따위는 신경 쓰지 않게 될 거예요.

마쓰시게 "어? 올해 나 몇 살이었지?" 이렇게 말할 수 있는 삶도 꽤 멋지지 않나요? (웃음)

불교 마음 수업

고민 7　관리직은 싫어요! 계속 현장에서 일하고 싶습니다

사치스러운 고민이라고 할 수 있겠지만, 회사에서 "슬슬 관리직으로 올라가야 하지 않겠느냐"는 제안을 받고 있습니다. 하지만 솔직히 말하면, 관리직이라는 자리는 위로는 상사에게 치이고, 아래로는 부하 직원들에게 치이는 데다, 거래처와의 커뮤니케이션(특히 불만 처리)까지 신경 써야 하는 일이라는 이미지가 강합니다. 게다가 관리직이 되면 잔업 수당도 나오지 않으니, 오히려 지금보다 실질적인 수입이 줄어들 것 같아요.

이런저런 부담을 떠안으며 중간 관리자 역할을 하느니, 조금 더 현장에 남아 있고 싶다는 생각이 듭니다. 또 아직 현장에서 좀 더 활약하고 싶은 마음도 있고요. 이대로 현장을 떠나도 괜찮을지 고민이 됩니다. 　　　　　　　　　　　　　　　　　　　　　(49세, 회사원, 남성)

마쓰시게　나이가 들면 어느 정도 위치에 맞는 자리를 맡아야 한다는 부담을 느끼는 사람들이 많은 것 같아요.

마스노　현장을 좋아하는 사람이 현장을 떠나 관리직이 되는 것에 대한 허전함은 충분히 이해합니다. 하지만 회사 입장에서는 우수한 인재가 다음 세대를 키우고, 후배들을 지도해 주기를 바라겠죠. 지금까지의 경험을 잘 살려서 후배들을

지도하여 역량을 발휘해보면 어떨까요? 그것 또한 새로운 경험입니다. 그 새로운 무대에서 지금까지와는 다른 보람을 느낄 수도 있을 거예요. 마쓰시게 씨는 후배 배우들에게 어떤 조언을 해주나요?

마쓰시게 후배가 질문하면 성실하게 답변하려고는 하지만, 제가 직접 나서서 뭔가를 가르치려고 하지는 않아요. 예를 들어, 배우 지망생 10명 있다면 모두에게 똑같은 내용을 조언할 수는 없잖아요. 모두의 개성이 다르고, 자신만의 방식이 있기 때문이죠.

마스노 어떤 가르침은 말이 아니라, 행동을 통해 전해지는 법이죠.

마쓰시게 맞아요. 또 〈컴컴 에브리바디〉 이야기가 나오게 되는데, 그 드라마에서 제가 연기하는 대배우가 후배의 젊은 배우와 함께 도장을 청소하는 장면이 있어요. 드라마에서 젊은 배우는 선배가 늘 묵묵히 청소하는 의미를 제대로 이해하지 못해요. 하지만 젊은 배우는 그럼에도 함께 청소를 하지요. 청소를 하면서 선배에게 뭔가를 물어보지만, 선배는 그냥 청소만 할 뿐 대답을 해주지 않아요.

마스노 그래도 그 청소를 통해 뭔가를 확실히 전하고 있는 거네요.

마쓰시게 네, 그런 장면이죠. 상사와 부하의 관계도 다양한 형태가 있을 수 있다고 생각해요. 관리자와 담당자의 역할을 병행하는 방법을 찾아볼 낼 수도 있을 것 같고요.

불교 마음 수업

마스노　　'이때다!' 싶은 결정적 순간에 부하를 데리고 현장에 나가 직접 시범을 보이는 것도 좋고요. 결국 중요한 건, '자신에게 맞는 방식으로' 일하는 방법을 찾아가는 것이겠죠.

고민 8   재능 없는 나, 이대로 괜찮은 걸까요?

30대에 프리랜서가 되어, 일을 시작한 지 15년이 지나서야 겨우 생활이 가능해졌습니다. 가끔 큰일이 들어올 때마다 압박감으로 우울해집니다.
재능 없는 제가 이 일을 계속해도 될지, 그만두는 게 맞을지 고민됩니다. 그렇다고 당장 새로운 일을 시작할 엄두도 나지 않아요. 능력의 한계를 알고 있지만, 의뢰받은 일을 해내지 못하는 게 힘듭니다. 어떻게 하면 좋을까요?   (53세, 프리랜서, 남성)

마쓰시게   저도 '왜 내가 배우를 하고 있을까? 이게 진짜 내 본연의
            모습일까?' 고민합니다. 사실 지금도 잘 모르겠어요. 일단
            60살까지 배우로 살아왔는데, 내가 정말 하고 싶은 일이
            무엇인지 다시 한번 돌아봐야겠다는 생각이 듭니다.

마스노   지금도 「십우도」의 첫 번째 단계에 머물러 있을지도 모른
            다는 생각이 드시나요?

마쓰시게   그럴지도 모른다는 생각이 드는 순간이 있습니다. 어느
            시점에서든 '지금 나는 「십우도」의 어디쯤 있을까?'라는
            질문을 스스로에게 하게 되는 것 같아요.

마스노   「십우도」에서 동자는 조금씩 앞으로 나아갑니다. 그리고

202

하나를 넘어선다고 생각해도 또 다른 고민과 집착이 연이어 나타나지요. 그래서 '오늘'의 내 능력의 한계는 알 수 있어도, '내일'의 내가 가진 능력의 한계는 자신도 알 수 없습니다. 진정한 자신을 찾는 여정을 멈추지 않는 한, 오늘의 나와 내일의 나는 분명 달라질 겁니다. 그래서 자기 능력은 자신도 알 수 없다고 생각합니다.

마쓰시게의 답변

이 고민을 읽고 마치 제 이야기 같아, 마스노 선생님 대신 답변드려도 괜찮겠다는 생각이 들었습니다.

"저도 30대 중반에 TV와 영화의 세계에 들어와 배우로 일한 지 25년이 넘었습니다. 하지만 한 번도 제게 특별한 재능이 있다고 생각한 적은 없습니다."

이 부분까지는 저도 완전히 공감합니다. 다만, 마지막 두 줄만큼은 이렇게 바꾸고 싶습니다.

"제 한계를 알지만, 멈추거나 포기하지 않을 겁니다. 저를 필요로 하는 곳에서 최선을 다하면서 끊임없이 고민하고, 새로운 시도를 하며 더 나은 결과를 보여드리겠습니다."

가족, 가까워서
더 어려운 존재

고민 9   남편 집안의 일방적인 결정에 따르고 싶지 않아요

결혼한 지 20년이 넘었습니다. 부부 사이가 특별히 나쁜 것은 아니지만, 남편 집안의 묘에 들어가는 것에 강한 거부감이 듭니다. 결정적인 계기는, 결혼하고 몇 년 후쯤에 남편의 가족이 제게 아무런 상의도 없이 제 계명*을 미리 준비해 두었다는 사실을 알게 된 것이었습니다. 여러 개를 한꺼번에 받으면 저렴하게 처리할 수 있다는 이유로 '겸사겸사' 준비했다고 설명하더군요. 하지만 이런 중요한 문제를 제 동의 없이 결정했다는 사실에 충격을 받았습니다.

● 계명戒名: 불교식 장례에서 고인에게 붙이는 이름.

남편에게 계명이나 묘에 대해 항의했지만, "죽고 난 뒤의 일인데, 미리 고민해봐야 소용없잖아"라며 귀찮아하는 태도를 보였습니다. 시댁의 묘에 들어가지 않기 위한 수단으로 이혼까지 생각했지만, 막상 실행하려고 하니 가족과의 갈등이 커질 것이 뻔해 망설여집니다. 실제로 딸에게 살짝 이런 고민을 털어놨더니 "엄마 마음은 이해하지만, 친척들 사이에서 엄마가 이상한 사람이라고 여겨질까 봐 걱정돼"라는 말을 들었습니다.　　　　　　　　　(40대, 회사원, 여성)

마쓰시게 　드라마의 한 장면 같네요. 어느 날 시댁에 갔더니 이미 계명이 준비되어 있었다니…

마스노 　정말 이례적인 경우네요. 원래 생전에 계명을 준비할 때는 당사자를 만나고 나서 결정하는 것이 일반적입니다. 계명을 지어주는 것을 안명수여*라고 합니다. 저 같은 경우도 계명을 지어드릴 때, 그분의 출생 배경이나 성격, 인생 이야기 등을 최소 한 시간 이상 듣고 그 모든 것이 담길 수 있도록 신중하게 고민합니다. 계명에는 그 사람의 삶의 모습이 자연스럽게 담겨야 하거든요. 그래서 "한꺼

●　안명수여安名授与: 불교에서 신도나 돌아가신 영혼에게 평안을 기원하며 이름을 지어주는 일.

번에 여러 개를 받으면 싸게 받을 수 있다"라는 이유로 미리 계명을 정해두었다는 이야기에 솔직히 놀랐습니다.

마쓰시게　그렇죠. 계명은 결국 그 사람의 삶을 담는 중요한 것이니까요.

마스노　저는 보통 두 가지 안을 준비한 뒤, 각 안의 의미를 설명하고 당사자가 선택하도록 합니다. 가끔 두 개를 합쳐서 만들고 싶다고 하시는 분도 계시고요.

마쓰시게　이미 돌아가신 분의 계명은 어떻게 정하나요?

마스노　그럴 때는 자녀나 가까운 가족들에게 그분의 삶에 대해 듣고 계명을 정합니다. 계명은 그 사람의 인생이 녹아 있어야 하기 때문입니다. 그래서 이번 경우처럼 '겸사겸사 준비했다'거나 '가족 단위로 묶어서'라는 이야기를 들으면 당황스러울 수밖에 없습니다.

마쓰시게　이 사연에서는 계명 문제로 시작됐지만, 결국 본질적인 고민은 "남편 집안의 묘에 들어가기 싫다"는 거잖아요. 부부 관계는 나쁘지 않다지만, 이런 묘지 문제는 어떻게 받아들여야 할까요?

마스노　최근 묘지 문제가 점점 다양해지고 있습니다. 부부 사이가 나쁘지 않아도 시부모님과의 관계가 원만하지 않아, 같은 묘에 들어가기 싫다는 분들이 많아졌어요.

　　그럼에도 불구하고 저는 먼저 한 가지를 생각해 보라

　　　　　　　　　　　　　불교 마음 수업

고 권합니다. 자녀가 성묘하러 올 때 아버지 묘는 이쪽, 어머니 묘는 저쪽이라면 좀 이상하게 느껴지지 않을까요? 일반적으로 자녀는 가족묘에 오면 부모님과 그 위의 조상님들까지 만날 수 있다는 생각으로 참배하러 오는 것일 테니까요. 그 부분을 잘 생각해 보시고 이를 고려하시되, 결국 중요한 건 '스스로 납득할 수 있는 결론을 내리는 것'입니다. 충분히 고민한 후에도 여전히 지금의 생각이 맞다고 느껴진다면, 그 선택을 존중하면 되는 것이죠.

마쓰시게   그렇다면, 묘지는 누구를 위한 것일까요?

마스노   묘지는 두 가지 의미를 가집니다. 하나는 자신의 삶의 흔적을 남기기 위한 것이고, 또 하나는 후손들이 조상을 기억하는 공간이 되는 겁니다.

불교에서는 "사람은 두 번 죽는다"라고 합니다. 첫 번째 죽음은 육체적으로 숨을 거두었을 때. 두 번째는 남은 사람들의 기억 속에서 완전히 사라졌을 때, 즉 잊혔을 때입니다. 그런 의미에서 보면, 역사에 이름이 새겨진 분들은 여전히 사람들의 기억 속에 남아서 죽지 않고 살아가고 있다고 볼 수 있습니다. 석가모니도, 예수도, 마호메트도 마찬가지죠. 그들은 여전히 많은 사람들의 마음속에 살아 있잖아요.

마쓰시게   그렇다면, 이 고민의 핵심도 결국 '자아'의 문제일까요?

자손들보다는 자신을 우선으로 생각하고 있는 건 아닌가 싶습니다.

마스노 그럴 수도 있습니다. 그래서 한 번쯤은, '내가 아닌 다른 시각에서' 이 문제를 다시 바라보면 어떨까 싶어요. 그렇다고 이 고민이 이상한 건 아닙니다. 충분히 고민할 만한 문제죠.

마쓰시게 고민을 흥미롭다고 표현하기는 좀 그렇지만, 드라마의 줄거리가 될 법한 고민이 또 하나 떠오르네요.

불교 마음 수업

고민 10 아버지와 가족들 사이에서 갈등하고 있습니다

고령의 부모님 때문에 고민이 많습니다. 어머니는 2년 전부터 시설에 계시고, 아버지는 본가에서 홀로 생활하고 있습니다. 최근 어머니는 치매가 많이 진행되어 대화조차 점점 어려워지고 있습니다. 솔직히 남은 시간이 얼마 없다는 생각이 듭니다.

저와 아내, 누나가 정기적으로 시설에 들르지만, 아버지는 절대 가려고 하지 않습니다. 아내와 누나는 계속해서 아버지에게 면회를 권유하지만, 아버지는 고집을 꺾지 않습니다.

게다가 아버지는 자신을 돌봐줄 여자가 없겠느냐는 말씀까지 하셔서, 아내와 누나는 화를 내기도 하고 어이없어하기도 합니다. 솔직히 저는 아버지의 마음이 완전히 이해되지 않는 건 아니지만, 아내와 누나는 그런 아버지를 전혀 납득하지 못하는 것 같습니다.

반면, 아내와 누나가 왜 그렇게 불만을 가지는지도 충분히 이해가 가기 때문에, 양쪽 사이에서 어떻게 해야 할지 모르겠습니다.

(50대, 프리랜서, 남성)

마스노   정말 난감하시겠네요.

마쓰시게 그런데 이게 드라마라면 꽤 재밌게 만들 수 있겠다는 생
         각이 들어요. 각각의 캐릭터 반응이 전부 달라서, 배우 입

장에서 보면 정말 연기하기 재미있는 장면일 것 같아요.

"아버지, 대체 무슨 말씀을 하시는 거예요!"라며 화내는 딸과, "아버지 입장도 이해 못 할 건 아니지"라고 생각하는 아들….

제가 너무 배우의 시점으로 바라보는 걸 수도 있지만, 이렇게 혼자 고민하며 끙끙 앓기보다는, 차라리 이 상황을 조금 가볍게 받아들이는 건 어떨까요? "아, 우리 아버지가 또 이러신다니까"라고 웃어넘길 수 있다면 조금은 마음이 편해지지 않을까요?

마스노   사람은 누구나 '상대도 나처럼 생각할 것이다'라는 전제를 두고 살아가지만, 그게 꼭 맞는다고 할 수는 없어요. 어쩌면 어머니도 아버지를 만나고 싶지 않을지도 모릅니다. 어머니가 어떻게 느끼실지는 추측에 불과한데, '분명 보고 싶으실 거야, 만나게 해드려야 해'라고 생각하면 스스로 힘들어질 수 있습니다.

마쓰시게   만약 이 이야기가 드라마였다면, 아버지가 마지막 순간에 어머니를 찾아가 서로의 손을 맞잡고 눈물을 흘리는 장면이 나오겠죠. 하지만 현실은 꼭 그렇지 않을 수도 있습니다. 그렇지만, 이렇게 솔직하게 고민을 털어놓는다는 것 자체가 이 사연을 보내주신 분이 정말 따뜻한 사람이라는 증거 아닐까요?

불교 마음 수업

마스노 인생을 오래 살다 보면, 우리가 흔히 생각하는 이상적인 가족의 모습과는 전혀 다른 관계가 형성되기도 합니다. 각자의 개성과 사연이 쌓이면서, 하나의 틀에 맞출 수 없는 관계들이 생겨나는 것이죠. 그래서 결국 중요한 것은 이런 변화와 차이를 받아들이는 태도일 겁니다.

나이가 들수록 뿔도 나고, 가시도 생기고, 결국 '이 조그만 틀 안에 나를 맞추는 건 불가능해!'라고 느껴지는 순간이 오게 되죠. 그때, 그걸 고통스럽다고 느낄 수도 있지만 '이것도 인생이지'라며 흥미롭게 느낄 수도 있습니다. 어떻게 생각하고 받아들이느냐에 따라, 삶의 모습이 완전히 달라질 겁니다. 이 사연을 보내신 분은 왠지 후자의 마음가짐을 가지고 계신 분일 것 같아요(웃음).

고민 11 부모와 자식, 서로에게 짐이 되고 싶지 않은 마음

저희 부모님은 자식에게 폐를 끼치고 싶어 하지 않으십니다. 하지만 나이가 들어 간병과 보살핌을 받아야 하는 상황이 찾아오겠죠. 제 생각에는 80대인 부모님이 '자식들에게 미안하기도 하고 어떻게 의지해야 할지도 모르겠다'라고 생각하고 계시는 것 같아요. 이런 생각을 하는 부모님께 자식인 제가 해드릴 수 있는 일이 없을까요?

〈50대, 프리랜서, 여성〉

마스노 예전에는 부모가 나이 들면 자식이 돌보는 것이 당연한 시대였죠. 그러나 요즘에는 자식에게 폐를 끼치고 싶지 않다는 부모님이 정말 많이 늘었습니다.

마쓰시게 사실 저희 어머니도 그렇습니다. 저의 집 아래층에 어머니가 사시는데, 어머니 역시 자식에게 폐를 끼치고 싶지 않다고 늘 말씀하세요. 그래서 열이 나거나 몸이 안 좋으셔도, 혹은 넘어져서 멍이 들어도 제게 말하지 않아요. 그게 결국 말다툼이 되기도 해요. "왜 말을 안 하세요!"라고요. 그렇게 말하면서도 어머니 마음이 이해는 됩니다.

마스노 그렇죠. 하지만 사람은 절대 혼자 힘으로만 살 수는 없습니다. 아무리 나라에서 간병 제도를 잘 마련한다고 해도,

불교 마음 수업

가족은 가족 나름의 입장에서 부모에게 해야 할 일이 있고, 해드리고 싶은 마음이 있기 마련이죠.

마쓰시게   네, 그렇죠. 하지만 나이가 들수록 '나는 이렇게 해야 해'라든지 '제대로 해야 해' 이런 고집이 조금씩 옅어지기도 하는 것 같아요. 어쩌면 좋은 의미에서 조금씩 둔해지는 것도 필요할지 몰라요.

가끔 어머니가 저에게 "너에게 얘기해봤자 소용없다"고 하시면, 저는 "소용없다니요, 힘든 일 있으면 당연히 말씀하셔야죠!"라고 말하면서 언성이 높아지기도 합니다. 이렇게 서로 의견이 다르고 부딪히는 순간도 많지만, 결국엔 조금씩 양보하고 조율하면서 함께 살아가는 거죠. 가족 관계라는 건 결국, 완벽히 맞출 수 없는 차이들을 인정하고, 적당한 선에서 서로 조율하고 타협하는 과정의 연속이 아닐까 싶어요.

마스노   예전 세대와 지금 세대는 교육 방식도, 가치관도 크게 다르잖아요. 부모 자식 간의 갈등도 결국 이 가치관 차이에서 비롯되는 경우가 많아요.

마쓰시게   맞습니다. 정말 그렇죠.

마스노   하지만 그렇다고 해서 부모와 자식의 관계가 끊어지는 건 아니잖아요. 우리는 흔히 "이제는 시대가 바뀌었어요!"라고 말하기 쉽지만, 그보다는 먼저 "예전에는 그렇게 생각하는 게 자연스러웠군요" 하고 인정해드리는 과정이 필요해요. 그리고 나서 "지금은 시대가 이렇게 바뀌었어요"라고 설명하는 거죠. 물론 그래도 이해하지 못하시는 부분이 많을 거예요. 하지만 '내 이야기를 들어주고, 내 생각을 존중해 주는구나'라고 느끼면 마음의 문이 열리거든요. 꼭 같은 가치관을 공유하지 못하더라도, 대화할 수 있는 관계가 만들어지는 것이 중요해요. 이게 바로 서로 타협점을 찾는 과정이죠.

마쓰시게   세상을 살아가다 보면 타협해야 할 일이 정말 많습니다. 어쩌면 사회라는 건 그런 타협과 조율로 이루어진 덩어리 같기도 해요. 저는 개인적으로 이런 상황을 그냥 코미디처럼 재미있게 받아들이자고 생각하는 편이에요. 하지만 어떤 사람들은 아무리 타협해도 마음 한구석이 개운치 않고, 계속 답답한 기분이 들기도 하잖아요. 그런 답답함은 어떻게 하면 해소할 수 있을까요?

마스노   제가 겪어온 경험을 돌아보면, 그 답답함은 대부분 '내가 이해받지 못한다'는 느낌에서 오는 것 같습니다. 하지만 생각해 보면, 부모와 자식, 가족, 부부, 그리고 사회 속에서 만나는 사람들이 서로를 100퍼센트 이해할 수 있다는 기대 자체가 비현실적이죠. 예를 들어, 아오모리에서 태어난 사람과 가고시마에서 태어난 사람이 부부가 됐다면,

자라온 환경도, 먹어온 음식도 다를 수밖에 없습니다. 그러니 서로 다른 점이 있을 수밖에 없고, 오히려 60퍼센트만 공유할 수 있어도 대단한 일이라 생각해야 해요. 나머지 40퍼센트는 다를 수밖에 없다는 걸 받아들이는 겁니다. 세상에는 고민한다고 해결되지 않는 문제가 정말 많습니다. 그런 문제를 질질 끌어봐야 답이 없으니, 적당한 선에서 타협하고 그냥 흘려보내야 합니다.

마쓰시게 해결되지 않는 고민과 답답한 기분이 쌓여갈 때, 저는 청소가 답이라고 생각해요. 그렇지 않나요, 마스노 선생님? 예를 들어, 복도를 열심히 닦다 보면 그 순간만큼은 고민을 잊을 수 있잖아요. 그리고 반짝반짝하게 빛나는 복도를 보면, 그 순간 마음이 정말 맑아지기도 하고요. 고민에만 시간을 낭비하지 말고 '좋아, 지금부터 청소하자!', '지금부터 잡초를 뽑자!'라고 마음을 바꿔서 행동으로 옮기는 게 필요한 것 같아요. 그렇게 해서 자신의 기분을 전환시키는 거죠.

마스노 맞아요, 맞아요. 정말 그렇습니다. 사람은 시간이 생기면 고민을 하게 되고, 때로는 새로운 걱정거리를 만들어내기도 하잖아요. 그러다 그 생각에 사로잡히게 되죠. 하지만 지금 당장 해야 할 일이 생기면, 그 일에 집중하느라 고민할 시간이 없어지거든요. 그렇게 시간이 흐르다 보면 "어라? 내가 뭘 고민했었지?" 하며 잊어버리게 되는 거죠. 청소나 잡초 뽑기는 정말 최고입니다. 그 순간 완전히 몰입할 수 있으니까요.

마쓰시게   그렇게 시간을 보내다 보면, 내가 전혀 예상하지 못했던 곳에서 해결의 실마리나 기회가 불쑥 찾아올 때도 있죠.

마스노   맞아요, 그런 일은 정말 자주 일어납니다. 눈앞의 해야 할 일들을 차곡차곡 해나가다 보면, 어느 순간 해결의 조건이 갖춰질 때가 있어요. 그러면 "아, 이제 해결할 수 있겠다!" 하고 뭔가 확 트이는 순간이 오죠.

                                           불교 마음 수업

결국, 가장 큰 고민은
자기 자신과의 싸움

고민 12 노력은 오래가지 않는다

아침 일찍 일어나야지, 영어 공부를 열심히 해야지… 항상 처음에는 "그래! 이번엔 제대로 해보자!" 하고 의욕적으로 시작하지만, 결국 오래가지 않아요.

매번 흐지부지 되어버리고 같은 패턴을 반복하는 제 자신이 싫어질 때도 있습니다. 이럴 바에야 차라리 처음부터 시작하지 말아야 하나 싶다가도, 또다시 도전해보고 싶고, 노력해보고 싶어집니다. 방법이 없을까요?

(30대, 배우, 여성)

마쓰시게 자, 마지막 고민입니다. 이분은 정말 열심히 자신과 싸우고 계시네요.

마스노 '게으른 나' vs '열심히 하고 싶은 나'의 싸움이군요. 인생이란 게 원래 그런 겁니다. 고민할 필요 없어요. 계속 도전해보세요.

그런데 이 고민은 굉장히 좋은 고민이에요. 왜냐하면 '또 해보고 싶다, 다시 노력해보고 싶다'는 마음이 든다는 건, 자기 자신을 외면하지 않고 정면으로 마주하고 있다는 뜻이니까요. 이게 아주 중요한 부분입니다.

마쓰시게 예전에 선생님께서 하신 말씀 중에, "'체지방＝욕망에 휩싸인 나' vs '진정한 나'의 싸움"이라는 비유가 떠오르네요.

마스노 네, 맞아요. 스스로와 깊이 대화하는 과정 속에서, 마음속의 불필요한 체지방은 자연스럽게 사라지고, 마치 태어날 때처럼 맑고 투명한 '진정한 나'와 하나가 될 수 있어요.

그리고 이걸 '싸움'이라고 생각하기보다 '대화'라고 여기면 어떨까요? 그러면 머지않아 '진정한 나'의 목소리를 들을 수 있을 거예요.

불교 마음 수업

저도 예전에 뭐든 열심히 해보려 했지만, 결국 오래가지 못하는 걸 반복했어요. 그런 제 모습이 싫어서, 아예 노력 자체를 포기할까 고민한 적도 있었죠.

그런데 돌이켜보니, 배우라는 일만큼은 지금까지 계속해 오고 있더라고요. 그런데 그게 특별히 버텨야 한다고 애쓴 결과는 아니었습니다. 단순히 재미를 느낄 수 있는 부분이 있었기 때문이죠.

사실 무조건 열심히 한다고 해서 다 되는 건 아니더라고요. 꾸준히 하려면 결국 '재미'를 느낄 수 있어야 해요. 그렇지 않으면 지루해져서 결국 포기하게 됩니다. 아침 일찍 일어나기나 영어 공부도 마찬가지입니다. 만약 그 안에서 흥미를 느낄 수 있는 요소를 찾았다면, 더 오래 지속할 수 있었을 거예요.

그러니까 억지로 노력하려 하지 말고, '내가 즐길 수 있는 요소'가 뭔지를 먼저 찾아보세요. 그게 지속하는 가장 확실한 방법일 겁니다.

5장

다시 세상으로
나아가며

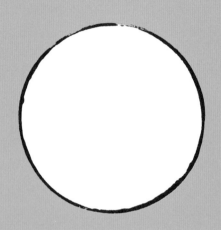

자신이 있어야 할 곳으로 소를 데려온 동자는,

그러나 이제 그 사실조차 잊어버렸다.

그뿐만 아니라 자신이 누구인지조차 의식하지 않게 되었다.

그가 도달한 곳, 그곳은 '무無'의 세계였다.

미혹도 깨달음도 초월한 곳,
그곳에 진리가 있다

「십우도」의 가장 큰 수수께끼를 풀다

──── 공백이 의미하는 곳

마쓰시게 드디어 여덟 번째 단계까지 왔네요. '십우도十牛圖'의 가장 큰 수수께끼가 담긴 부분입니다.

마스노 여덟 번째의 그림 「인우구망」은 아무것도 그려져 있지 않죠. 어떤 구체적인 형상이라기보다는, 하나의 '공간'을 표현하는 것처럼 보이기도 합니다. 선禪의 관점에서 해석하자면, 소도, 사람도 사라지고, 미혹도 깨달음도 초월했을 때 절대적 '공空'이 드러난다고 봅니다. 여기서 '공'이란 곧 '무無'의 상태를 의미하죠.

마쓰시게 배우라는 직업을 가진 저로서는 '자신을 잊는다'는 감각이 전혀 낯설지 않아요.

특히 최근 10년간 다양한 역할을 맡다 보니, 누군가가 저에게 "당신은 대체 어떤 사람이죠?"라고 물으면, 사실 저도 잘 모르겠어요. "당신은 성격이 급한 사람인가요, 느긋한 사람인가요?"라고 물어도 대답하기 어렵죠(웃음).

그렇다고 해서 이 상태가 곧 '무無'라고 할 수 있는 건 아니겠지만요.

마스노   혹시 눈치채셨나요? '십우도'의 모든 그림은 원圓 안에 그려져 있습니다. 이 원은 '원상(円相)'이라고 합니다. 원상은 선화禪畵의 한 형태로, 붓을 한 번에 그어 그리기 때문에 '일원상一円相'이라고도 불립니다.

선禪에서 원상은 '깨달음', '진리', '불성佛性', '대우주 전체'를 의미하는데요, 그 해석은 보는 사람의 몫입니다. 또한, '얽매이지 않는 마음', '집착에서 벗어난 마음'을 나타낸다고도 합니다.

요컨대 선禪에서는 말이나 형상으로 표현할 수 없는 것을 원상에 마음을 담아 표현합니다. 여기서 '상相'이라는 글자는 우리가 흔히 '인상人相'이라고 할 때처럼 겉모습을 뜻하는 것이 아니라, '가상家相'이라는 표현에서처럼 눈에 보이지 않는 내면을 상징하는 것으로 사용되고 있습니다.

이제 '공空'에 대해 이야기해보죠. 선에서는 '제행무상

諸行無常'과 '제법무아諸法無我'라는 개념을 '공'으로 설명합니다. 세상의 모든 것은 한순간도 머무르지 않고 끊임없이 변합니다. 하지만 우리는 자신이 변하고 있다는 사실을 쉽게 실감하지 못하죠. 하지만 자연은 그것을 또렷이 느끼게 해줍니다. 이것이 바로 '제행무상'입니다.

또한, 이 세상의 모든 것은 홀로 존재하는 것이 아니라 관계 속에서 성립됩니다. 이를 표현한 말이 '제법무아'입니다. 이 두 가지를 통틀어서 '공'이라고 하지요.

마쓰시게 즉, 아무것에도 집착하지 않는, 모든 것을 내려놓은 상태군요.

마스노 그렇죠. 하지만 우리는 지금 가진 것, 익숙해진 것들을 쉽게 내려놓지 못하죠. 그리고 마치 자신만의 힘으로 살아가고 있다고 착각하기 쉽습니다. 이런 집착과 자아의식을 초월하자는 것이 바로 '무無'의 개념입니다. 여기서 '무'는 단순히 '없다'는 뜻이 아니라, '그 너머로 나아간다'는 의미를 담고 있습니다.

이를 몸으로 느낄 수 있는 나이는, 아마 회사에서 정년을 맞이할 무렵일 것입니다. 60세에서 65세 정도일까요? 지금까지 쌓아온 회사에서의 실적이나 직책, 인간관계도 정년과 함께 사라져 갑니다. 그때야 비로소 자신을 둘러싼 환경의 변화를 받아들이고, 그것을 초월해 나갈 수 있어야 합니다.

마쓰시게   이제 곧 제 나이에 해당하는 이야기군요. 앞서 일곱 번째 의 「망우존인」의 단계에서도 잠깐 말씀드렸지만, 저는 연 기를 할 때 가능한 한 '무無'의 상태를 지향하려고 합니다. 하지만 여러 사람이 함께하는 촬영 현장에서는 모든 집착 과 자아를 완전히 내려놓은 '공空'의 상태에 다 같이 도달 하는 것은 현실적으로 쉽지 않아요.

마스노   네, '제법무아'라는 개념대로라면, 모든 것은 관계 속에서 성립되기 때문에 더욱 어려운 일이겠죠.

마쓰시게   하지만 마스노 선생님과의 대화를 통해서, 앞으로 제가 가야 할 방향이 선명해진 것 같습니다. 제가 앞으로 하고 싶은 것은 바로 '공空'이라는 공간, 즉 여백을 무대와 작품 속에서 만들어가는 일이 아닐까 싶어요. 그것이야말로 제 가 앞으로 걸어가야 할 길이자, 저만의 사명이라는 생각 이 듭니다.

아마 저는 여덟 번째 그림처럼, 하얀 원을 그리고 싶은 것이겠죠.

마스노   마쓰시게 씨라면 할 수 있습니다. 반드시 해내실 거라고 생각해요.

마쓰시게   마스노 선생님께서 보시기에 이 여덟 번째 단계까지 도달 한 분이 실제로 계신가요?

                                               불교 마음 수업

마스노   음… 거의 없다고 봐야겠죠.

마쓰시게 역시 그렇군요. 그리고 그 너머에 아직 두 단계가 더 남아
          있는 거고요….

마스노   마지막 아홉 번째와 열 번째 단계는 아득히 먼 목표처럼
          보일 수도 있습니다. 하지만 「십우도」에 그려져 있다는 것
          은 뭔가 의미가 있다는 뜻이지요.

마쓰시게 우리가 여덟, 아홉, 열 번째 단계에 도달하지 못할 수도 있
          겠죠. 하지만 그런 경지가 존재한다는 사실을 알고, 그곳
          을 목표로 살아가는 것이 중요한 게 아닐까요….

마스노   네, 맞습니다! 그것이야말로 마쓰시게 씨께서 아까부터
          말씀하시던 '삶의 방향'이 아닐까요.

          자, 그럼 이제 마지막 아홉 번째와 열 번째 단계로 가볼
          까요?

동자의 모습도 소의 모습도 모두 사라지고,
오직 자연의 풍경만이 남아있다.
계절은 흐르고, 자연은 시시각각으로 변해간다.
그리고 그 변화 속에서 불변의 진리가 드러난다.

근원으로 돌아와
깨달음을 얻다

우리는 거대한 힘에 의해
살아간다

───── ## 진리는 자연 속에 있다

마스노 　아무것도 그려있지 않은 여덟 번째의 그림 「인우구망」을
　　　　지나오니, 자연의 풍경이 나타났군요.

마쓰시게 　여전히 동자의 모습은 보이지 않네요. 그런데 여기서 자
　　　　연이 등장하다니, 「십우도」는 정말 흥미로운 이야기 구조
　　　　를 가지고 있군요.

마스노 　아홉 번째의 그림 「반본환원」을 선禪의 관점에서 해석하
　　　　면, 모든 진리는 삼라만상의 자연 속에 존재한다는 뜻입
　　　　니다. 다시 말해, 「반본환원」은 '본래의 모습으로 돌아가
　　　　서 다시 근원으로 회귀한다'라는 의미지요. 동자가 깨달음

을 향해서 걷기 시작했을 때, 즉 「심우」의 단계에서는 아무것도 이루지 못한 채, 그저 소를 찾아 헤매기만 했었죠.

마쓰시게 동자의 여정을 돌이켜보면, 정말 먼 길을 걸어온 것 같아요.

마스노 동자는 열심히 수행하고 소를 찾아 길들였습니다. 동자는 이 시점까지도 여전히 '내가 수행하고 있다'는 강한 의식을 가지고 있었죠.

마쓰시게 동자, 정말 열심히 했네요(웃음).

마스노 맞습니다. 동자는 열심히 노력했지요. 그 노력이 열매를 맺어서 소를 길들일 수 있었습니다. 그런데 그 순간, 소의 모습이 사라져버리죠. 그리고 이어서, 자신마저도 사라져 갑니다.

마쓰시게 자아를 초월하며, 마침내 동자는 깨달음에 이르렀군요.

마스노 네, 여기까지가 여덟 번째 단계였어요. 그런데 아홉 번째 단계에서는 단순히 '내가 살아 있다'는 것이 아니라, '나는 자연에 의해 살아가고 있다'는 사실을 깨닫게 됩니다. 그리고 아무것도 소유하지 않았던〉 본래의 자신과 마주하게 되죠.

심장은 스스로 멈출 수 없다

마스노   그런데 마쓰시게 씨, 배우는 자신의 심장을 멈출 수 있나요?

마쓰시게   네?! 그건 아무래도… 불가능하죠.

마스노   맞아요. 우리 스스로 심장을 멈출 수도 없고, 멈춘 심장을
다시 뛰게 할 수도 없습니다. 아무리 과학기술이 발전하
고 편리한 도구가 개발되더라도, 인간이 할 수 있는 일에
는 한계가 있습니다.

　우리가 살아갈 수 있는 것은 우리 스스로가 심장을 움
직이기 때문이 아니라, '나를 넘어선 어떤 거대한 힘이 나
를 살게 하고 있기 때문'입니다. 그래서 이렇게 호흡도 하
고, 이야기도 할 수 있는 것입니다.

　그런데 「십우도」의 초기 단계에서는 이런 너무나 당연
한 사실조차 깨닫지 못합니다. 마치 우리가 스스로의 힘
으로 살아가고 있다고 착각하는 것처럼요.

　그러나 아홉 번째 그림에 이르면, 우리는 거대한 힘에
의해 '살아가고 있다'는 사실을 깨닫게 됩니다. 그 거대한
힘이 바로 여기 등장하는 자연이겠죠.

마쓰시게   그렇군요. 조금 이야기가 빗나갈 수도 있지만, 예를 들어
화면에 산이 비치고 있고, 한 남자 배우가 그곳에 서 있다
고 해볼까요? 그 순간, 중요한 건 그 배우가 '무엇을 연기

하느냐'가 아니라, '그 자연의 일부가 될 수 있느냐'가 아닐까 하는 생각이 들어요. 무언가를 '하지' 않는 것, 하지만 그 자리에서 '존재'하는 것. 그런 배우가 되고 싶다고 요즘 자주 생각합니다.

마스노 　말씀하신 대로인 것 같아요. 젊은 시절은 자연이 나를 위해 존재한다고 생각하기 쉽죠. 하지만 사실은 반대죠. 우리가 자연에 더해지는 것, 아니, 자연이 우리를 받아들여 주는 것. 그렇게 서로가 함께할 때, 더 빛날 수 있다고 생각합니다. 그렇게 생각하면 '자아를 내려놓는다'는 것이 결코 자기 정체성을 잃는 것이 아니라는 걸 이해할 수 있을 거예요. 그리고 이 아홉 번째 단계의 의미도 더 깊이 이해하게 되리라 생각합니다.

마쓰시게 　결국 끝까지 '자아'가 문제군요.

마스노 　네, 여덟 번째 단계에서 '무無'의 의미를 알았음에도 불구하고, 그 뒤에 계속 과정이 이어진다는 것은, 자아를 내려놓고 집착에서 벗어나는 것이 얼마나 어려운지를 말해 주는 것 같아요.

마쓰시게 　그리고 「십우도」가 스파르타식으로 상당히 엄격하다는 것도 알 수 있어요.

마스노 　그렇죠. 이쯤에서 왜 수행을 거듭하는 선승禪僧들이 사찰에 정원을 두는지 설명해 보면 좋을 것 같습니다.

　　　　　　　　　　　　　　　불교 마음 수업

정원을 곁에 두고
자연의 진리를 깊이 새기다

—— ## 모든 것을 쉽게 설명할 필요는 없다

마스노　　자연에는 인간의 계측을 넘어서는 것이 있습니다. 예를
　　　　　들어, 비가 오면 매미는 울음을 멈춥니다. 반대로 비가 그
　　　　　치면 매미가 울고, 새도 지저귀죠. 이는 인간이 원한다고
　　　　　바뀌는 것이 아닙니다. 매미에게 울어달라, 울지 말아 달
　　　　　라고 말한다고 해서 되는 일이 아닌 거죠.

마쓰시게　확실히 인간의 뜻대로 되지 않습니다.

마스노　　이것은 아주 오래전부터 자연의 섭리 속에서 행해져 온
　　　　　일입니다. 앞으로 100년이 지나도 변하지 않을 것입니다.

마쓰시게　시대가 바뀌어도 변하지 않는 것, 그것이 바로 '진리'군요.

마스노 맞습니다. 자연은 우리에게 인간의 인위적인 계획을 초월한 것, 즉 이 세상의 진리를 비추어 가르쳐줍니다. 그리고 그것을 잊지 않으려면, 자연 속에 거처를 마련하고 살아가는 것이 가장 좋겠지요.

마쓰시게 그렇긴 하지만, 현실적으로 그렇게 살 수 있는 사람은 많지 않죠.

마스노 가마쿠라 시대 이후의 승려들도 마찬가지였습니다. 특히 교토 등지에서는 사찰이 늘어나고 규모가 커지면서 도시에 사는 승려들도 많아졌습니다. 현대의 우리처럼 모두가 자연 속에서 사는 것이 어려워졌지요. 그래서 사찰에 정원을 만들어 진리와 대면하고자 한 것이 '선禪의 정원'의 시작입니다.

마쓰시게 그렇군요. '선의 정원'은 자연을 대신해 진리를 비추는 역할을 했군요.

마스노 맞습니다. 정원을 만드는 사람의 마음가짐이 중요해지는 것도 그 때문입니다. 단순히 조경을 하는 것이 아니라, 창작자의 정신 상태가 정원에 그대로 드러나기 때문이죠. 그리고 이것은 일본 예술만의 독특하고 흥미로운 특징이기도 합니다. 작품을 감상하는 사람의 역량도 함께 요구되는 것이죠.

마쓰시게 료안지龍安寺의 돌 정원처럼요.

마스노   네, 일본 예술은 작품을 감상하는 사람이 그 작품을 통해 스스로 무언가를 깨닫고 발견하는 것을 중요하게 여깁니다. 모든 것을 친절하게 설명해 주지 않죠.

——— 덜어냄의 미학

마쓰시게   바로 그거네요! 제가 설명이 많은 작품을 부담스러워 하는 이유가 그것 때문일지도 모르겠습니다. 관객에게 어떤 감상을 강요하고 싶지 않은 거죠. 각자가 자신의 상황에 따라 다르게 느낄 수밖에 없는데, 연기자가 과도한 정보를 제공하면 감상을 규정짓는 듯해 불편하더라고요.

전통 예술인 '노能'도 그렇듯이, 일본의 예술 감상에는 눈에 보이지 않는 것을 읽는 행위가 포함되어 있습니다. 최소한의 것만 제시하고, 나머지는 관객이 자유롭게 느끼도록 하는 거죠. 어제와 오늘의 감상이 다르다면, 그것이 곧 성장이라고 저는 생각해요. 저는 마스노 선생님과 '선의 정원'을 통해 그 사실을 배웠습니다. 제가 만들고 싶은 것도 그런 작품이에요. 그것이 제 궁극적인 목표라고 생각합니다.

그래서 사실 지금, 대사가 전혀 없는 단편을 기획하고

있습니다. 60세를 맞아, 앞으로 어디까지 할 수 있을지 도 전해보고 싶습니다.

마스노 마쓰시게 씨는 점점 전통 연극의 대가 세아미를 닮아가는 것 같네요. 정원이든 연극이든, 만드는 사람의 마음이 깨끗하지 않으면 안 됩니다. 마음에 때가 묻으면 작품에도 드러나고, 관객의 느낌도 달라지죠. 마쓰시게 씨가 목표로 하시는 대사 없는 작품이 현대판 '노能'가 될지도 모르겠네요.

마쓰시게 네, 말씀하신 방향으로 가고 싶습니다. 기승전결의 기법도 있지만, 초·중·종성의 흐름을 따라가면 20분 정도면 충분히 이야기를 전달할 수 있다고 생각해요. 게다가 언어의 한계가 없는 이런 작품은 국경도 초월할 수 있다고 생각해요.

마스노 선禪이나 노能와 같은 미의식은 엄청난 무기입니다. 단순한 예술적 개념을 넘어 다양한 분야에서도 활용될 수 있는 강력한 힘이죠. 실제로 비즈니스 모임에서도 "선을 비즈니스에 적용할 수 있을까요?"라는 질문을 자주 받습니다. 예를 들어, 애플을 창업한 스티브 잡스도 조동종曹洞宗의 스님에게 가르침을 받았죠.

마쓰시게 저는 애플의 엄청난 팬이에요. 애플 제품에 담긴 선禪의 철학, 정신성을 느낄 수 있어요. 아쉬운 면도 있지만요.

불교 마음 수업

마스노 　왜 일본이 아니라 미국의 스티브 잡스가 먼저 선의 철학을 제품에 담았는가 하는 아쉬움이죠.

마쓰시게 　맞아요.

마스노 　스티브 잡스는 선 사상을 경영에 적용하며 시장 조사를 한 번도 하지 않았습니다. 그는 "내가 원하는 것은 모두가 원할 것"이라 믿었기에 시장조사가 불필요하다고 본 것이죠.

마쓰시게 　자신이 가장 원하는 것을 끝까지 밀어붙인 거군요.

마스노 　스티브 잡스가 스탠퍼드 대학 졸업식 연설에서 말해 유명해진 이야기가 있습니다.

　"매일 아침 거울을 보며 자신에게 묻습니다. '만약 오늘이 내 인생의 마지막 날이라면, 지금 하려는 일을 정말 하고 싶은가?'라고 말입니다."

　즉, 자신이 진정으로 하고 싶은 일과 현재 하고 있는 일이 일치해야 한다는 뜻입니다. 본래의 자기 자신과 끊임없이 대화하는 것, 이것이 바로 선禪의 사상입니다.

마쓰시게 　그 철학이 애플 제품에도 고스란히 드러나 있죠.

마스노 　맞습니다. 또 하나의 중요한 포인트가 바로 그것입니다. 스티브 잡스는 제품의 디자인과 소재에 집착하며, 불필요한 것은 버튼 하나까지도 철저히 배제했습니다. 쓸데없는 것을 제거하고 남은 본질에 집중했죠. 이것이야말로 완전한 '선'의 발상입니다.

마쓰시게   이렇게 가까이에 힌트가 있는데도 일본의 기업가들이 왜
          그것을 제대로 활용하지 못하고 있는지 안타깝습니다.

_____ 일상에서 마주친 깨달음의 무게

마스노   선의 정신을 경영에 적용해 성공한 일본인도 많습니다. 그
          중 대표적인 인물이 '경영의 신'이라 불리는 교세라Kyocera
          의 이나모리 가즈오稻盛和夫(2022년 8월 별세)입니다.

          이나모리 씨는 60세가 넘었을 무렵 출가를 계획했으나
          위암이 발견되어 득도식을 한 차례 연기해야 했습니다. 수
          술 후 3개월 만에 엔푸쿠지円福寺라는 사찰에서 득도해 '다
          이와大和'라는 법명을 받고, 본격적인 수행에 임했습니다.

마쓰시게   탁발托鉢 수행도 하셨다고 하더라고요.

마스노   네, 탁발 수행을 하던 어느 날, 멋진 양복을 입은 신사가
          그의 앞에서 얼굴을 휙 돌렸다고 합니다. 삿갓을 쓴 탓에
          이나모리 씨를 알아보지 못한 것이죠. 그는 그 순간 '이것
          이 세상이구나'라고 깨달았다고 합니다.

마쓰시게   만약 그때 "내가 이나모리 가즈오다"라고 신분을 밝혔더
          라면 상황은 완전히 달라졌겠지요(웃음).

마스노   그러다 공원을 지나게 되었는데 청소하던 나이 든 여성분

불교 마음 수업

이 다가와 그에게 100엔을 건넸다고 합니다. 경영자로서 그가 움직인 돈과는 비교도 할 수 없을 만큼 적은 금액이었지만, 그 무게감은 전혀 달랐을 겁니다. 그러나 "사회에 돌아가 할 수 있는 일을 하라"는 스승 니시카타 게이카西片猊下의 권유로 그는 스님이 되는 대신 재가 불교의 길을 선택했습니다.

마쓰시게 아직 그가 사회에서 해야 할 일이 남아 있었던 것이겠죠.

마스노 그것은 다음 장의 「입전수수」의 단계에서 좀 더 잘 알 수 있을 거예요.

마쓰시게 그렇다면 마지막 한 장으로 넘어가겠습니다.

10 ——————————— 입전수수

十牛圖 入 廛 垂 手

승복을 입은 동자가 포대화상布袋和尚의
모습으로 사람들 앞에 선다.
온화한 미소와 함께 마을로 나아가,
세상 속에서 깨달음을 실천한다.

깨달음을 얻고
사람들과 나누다

돌멩이가 날아와 쿵!
그 순간 깨달음이 온다

_____ 세상을 향한 깨달음의 여정

마스노 드디어 열 번째 그림에 도착했습니다.

마쓰시게 또다시 인물이 등장했네요. 그런데 지금까지의 동자와는 다르군요.

마스노 네, 동자는 뚱뚱한 몸집에 커다란 자루를 둘러메고 가난한 사람들을 도왔던 전설적인 스님 '포대화상布袋和尚'의 모습으로 세상에 나왔네요. 온화하고 자애로운 모습으로 사람들과 함께 합니다.

마쓰시게 「입전수수」는 어떤 의미인가요?

마스노 '입入'은 '나아가다'라는 뜻이고, '전鄽'은 사람들이 모여 사는 마을, 즉 '세상'을 뜻하는 단어입니다. 그리고 '수수垂手'는 '사람들에게 교훈을 전하고 인도하는 것, 고통받는 사람들에게 구원의 손길을 내미는 것'을 의미하죠. 따라서 「입전수수」는 '사람들이 사는 거리로 나아가, 그들에게 교훈을 전하고 인도하며 구원의 손길을 내미는 것'을 뜻합니다.

깨달음을 얻고 진리를 보았을 때, 그것을 혼자만 간직하지 않고 사람들에게 전하고 나누는 것. 불교에서는 이를 '보살행菩薩行'이라고 부릅니다.

마쓰시게 그 이야기를 들으니 떠오르는 말이 있습니다. 제가 NHK 아침 드라마 〈컴컴 에브리바디〉에서 연기했던 반 쿄무조라는 캐릭터의 대사인데요, 그는 어린 후배에게 이렇게 말합니다.

"보물은 나누면 나눌수록 더욱 빛나는 법이다." 정말 같은 의미를 담고 있네요.

마스노 쿄무조 씨는 대단하네요. 그는 분명 열 번째 경지에 도달한 인물일 겁니다. 이 단계에 도달한 사람이 가장 마음에 새겨야 할 것은, 젊은 세대에게 손을 내미는 것입니다. 자신이 쌓아온 지식을 아끼지 않고, 후배들이 원한다면 기꺼이 전해주는 것. 바로 그 역할을 하기 위해, 동자는 '포대화상'의 모습으로 변해 세상으로 나온 겁니다.

불교 마음 수업

마쓰시게   깨달음을 얻으면 외딴곳에 은둔할 줄 알았는데, 놀랍네요.

마스노   포대화상의 손에는 술이 든 표주박이 그려져 있습니다. 그는 거만함 없이 유쾌하고 친근하게 사람들을 대하며, 가르치기보다 동등한 눈높이에서 깨달음을 전합니다.

    저는 이 표주박이 그의 다정함과 따뜻함을 상징한다고 생각합니다. 이것이 바로 열 번째 경지인 「입전수수」이며, 다시 말해 「십우도」의 최종 목표입니다. 정말 멋진 이야기죠.

목표를 아는 것이 중요하다

마쓰시게   비록 이 경지에 도달하지 못하더라도 그 목표가 어떤 모습인지 알고 있는 것, 그리고 그곳을 향해 살아가고 싶다고 생각하는 것만으로도 의미가 크다고 느껴집니다. 하지만 세상을 살면서 정말 이 단계까지 도달한 사람이 과연 있을까요?

마스노   역사 속에는 존재합니다. 예를 들어, 에도 시대 조동종 승려 료칸이 대표적인 사례죠. 완전히 깨달음을 얻은 후에는, 마을 아이들과 함께 놀거나, 마을 사람들에게 하루 먹을 양식만큼만 얻으며, 작은 암자에서 검소하게 살았다고 합니다.

마쓰시게 정말 멋지네요. 수행이라고 하면 고통스럽고, 깨달음을 얻는다는 것은 너무 멀게 느껴지지만, 이렇게 그림으로 그 과정을 보여주는 것만으로도 깊은 의미가 있는 것 같습니다.

저는 아마 여덟 번째 단계인 「인우구망」에도 도달하지 못하고, 여섯 번째나 일곱 번째 단계에서 제 삶이 끝난다 해도, 그 이후의 세대들이 이 그림 속 풍경의 일부가 되어준다면, 그걸로 충분하다고 느낍니다. 이렇듯 이 그림은 희망을 품게도 하고, 동자가 걸어온 여정의 마지막 목적지이기도 합니다.

마스노 마쓰시게 씨는 스스로 깨달음에 도달하지 못할 거라고 생각하시는 것 같군요. 그런 마쓰시게 씨에게 '돈오頓悟'에 대한 이야기를 꼭 들려드리고 싶습니다.

마쓰시게 돈오요?

마스노 대개 깨달음이란 오랜 세월 동안 힘든 수행을 쌓고 나서야 겨우 도달하는 것이라고 생각하시죠?

마쓰시게 네, 물론입니다.

마스노 그것도 맞습니다만, 다른 관점으로도 설명할 수 있어요. 예를 들어 「십우도」를 보면, 차근차근 단계를 밟아가다가 여섯 번째, 일곱 번째를 지나 여덟 번째에 이르렀을 때, 갑자기 '쾅!' 하고 깨달음이 온다는 거죠.

불교 마음 수업

마쓰시게   정말요?

마스노   그러니까, 갑자기 '아! 그렇구나!!' 하는 식으로 마치 벼락을 맞은 듯 깨달음이 찾아오는 겁니다.

마쓰시게   네에?!

마스노   이것을 '돈오'라고 합니다. 물론 이게 쉽게 오지는 않습니다. '깨달음이란 게 뭘까?'라고 머릿속으로 생각하고 있는 동안에는 절대 오지 않는다고 해요. 이밖에도 '돈오'에 얽힌 재미있는 이야기가 많이 전해지고 있습니다.

    어느 절에 고겐 치칸香嚴智閑이라는 선승이 있었습니다. 그는 매우 총명했지만, 마지막 깨달음을 얻지 못하고 있었습니다. 그래서 결국 자신이 읽어온 경전들을 전부 불태워버리고, 자신이 존경하는 스승의 무덤을 매일 청소하는 삶을 살기 시작했습니다. 그러던 어느 날, 그가 빗자루를 들고 청소를 하고 있는데, 우연히 빗자루에 맞은 작은 돌멩이가 '퉁!' 하고 튕겨 나가 대나무에 부딪히며 '딱!' 하는 소리를 냈습니다. 그 순간, 그는 '아, 이것이구나!' 하며 깨달음을 얻고, 스승에게 달려갔다고 합니다. 그러자 스승이 "네가 마침내 깨달음을 얻었구나"라고 말했다는 이야기가 전해지고 있습니다. 이 일화는 이후 '향엄격죽香嚴擊竹'이라는 선문답으로 남아 있죠.

마쓰시게   진짜 재미있네요!

마스노   이 이야기에는 후속 에피소드도 있습니다. 그가 깨달음을 얻은 후 스승을 찾아가 갑자기 한 대 때렸다고 합니다. 그러자 스승은 "하하하!" 하고 크게 웃으며, "드디어 여기까지 왔구나"라고 말하며 그를 되받아쳤다고 합니다. 말이 아닌 몸으로 깨달음을 표현한 것이죠. 이를 통해 깨달음이 반드시 말이나 논리로만 전달되는 것이 아니라는 점을 보여줍니다.

또 다른 이야기도 있습니다. 교토의 서방사西芳寺라는 사찰에 아름다운 선의 정원을 설계한 선승 무소 국사夢窓国師는 어느 날 밤, 화로 옆에서 불을 지피다가 발을 헛디뎌 넘어지면서 벽에 머리를 부딪쳤습니다. 그런데 그 순간, 마치 번개가 치듯 '번쩍'하고 깨달음을 얻었다고 합니다. 뜻밖의 사고가 오히려 깊은 깨달음으로 이어진 것이죠.

마쓰시게   '혹시 나도 머리를 한 번 부딪혀 보면 깨달음을 얻을 수 있을까?' 하는 엉뚱한 생각이 들 정도로 흥미로운 이야기들이네요. 정말 재미있습니다. 결국, 이 이야기들이 우리에게 주는 메시지는 깨달음을 얻는 길에 정해진 방법이 없다는 거네요.

마스노   맞아요. 누군가는 오랜 수행 끝에 깨달음을 얻고, 누군가는 예상치 못한 순간에 맞이하기도 합니다. 깨달음에 이르는 길은 사람마다 다 다르고, 그 과정도 저마다 다 다를 수밖에 없어요. 결국 억지로 찾지 않아도 각자의 때가 오면 자연스럽게 알게 되는 법이겠죠.

지금 여기에서 내가 할 수 있는 일에 집중하기

마쓰시게   결국 눈앞의 일을 최선을 다하며 쌓아가는 것 외에는 다른 방법이 없다는 말씀이군요.

마스노   그렇습니다. 불교에서는 이를 '즉금당처자기(即今, 当処, 自己)'라고 합니다. 즉, '지금, 여기서, 내가 살아간다'라는 뜻입니다. 참으로 단순한 원리입니다. 결국 중요한 건, 지금 여기서 해야 할 일을 하는 것, 그것만이 우리가 할 수 있는 일입니다. 세상의 이치는 단순합니다. '있어야 할 것이, 있어야 할 곳에, 있어야 할 모습으로 존재한다'는 것입니다. 그 자연스러운 흐름에 따라 살아가면 되는 것이죠.

마쓰시게   말로는 굉장히 쉬운 것 같지만, 실제로는 엄청 어려운 것 같아요. 결국 기본에 충실해야 하는 것이로군요.

마스노   네, 그래서 '각하조고脚下照顧'라는 말이 있습니다. 신발을 가지런히 정리한다는 뜻입니다. 현관에서 신발을 대충 벗어놓고 올라가는 것, 사실 그것 자체가 '정신이 어딘가에 팔려 있다'는 증거입니다. 신발 하나 가지런히 놓지 못하는 상태라면, 이미 내 마음이 흐트러진 것입니다. 그러니, 매 순간 제대로 마음을 기울이는 것. 그것이 중요하다는 의미죠.

이것은 바로 제가 처음에 말씀드렸던 것처럼 '모든 것에 정성을 다하라'는 이야기와 통합니다.

마쓰시게 결국 처음 이야기로 다시 돌아왔군요.

마스노 그럼 마지막으로, 부처님의 제자 주리반특周利槃特에 대한 이야기를 끝으로 마무리하겠습니다.

주리반특은 엄청난 둔재였습니다. 무엇을 배워도 도통 기억하지 못해 주변 사람들에게 골칫거리 취급을 받았습니다. 그의 형은 뭐든지 잘했지만 주리반특은 완전히 반대였어요. "너는 모두에게 폐만 끼치니 빨리 수행을 그만두라"며 모두가 그를 괴롭혔습니다.

이를 본 부처님은 그에게 이렇게 말했습니다.

"다른 건 다 필요 없다. 네가 할 일은 단 하나, 사람들의 신발을 닦는 것이다."

주리반특은 '신발을 닦는 것은 마음을 닦는 것이다'라고 마음속으로 거듭 되뇌며, 모두의 신발을 정성스럽게 닦았죠. 하루도 빠짐없이 매일 신발을 닦던 그는 결국 그 누구보다도 먼저 깨달음을 얻었다고 합니다.

결국 머리가 좋거나 나쁘거나, 성적이 우수하거나 우수

불교 마음 수업

하지 않은 것은 중요한 것이 아닙니다. 진심으로 한 가지에 몰입하면, 그 순간 깨달음이 찾아오는 것이죠.

마쓰시게 정말 감동적인 이야기네요. 처음에는 단순히 신발을 닦았겠지만, 묵묵히 닦는 동안 분명 많은 것들을 깨달았겠죠. 신발을 신는 사람들의 습관을 알게 되었을 테고, 나아가 사람의 본성 자체를 이해하게 되었을지도 모릅니다.

아, 저에게도 "신발을 닦아라"라고 가르침을 줄 부처님이 계시면 좋겠어요(웃음). 일단 오늘 집에 가면 신발부터 가지런히 정리하고, 닦아야겠습니다.

길을 마치며

긴 여정을 함께하며 마쓰시게 유타카 씨와 나눈 대화는 저에게 깊은 울림과 깨우침을 안겨주었습니다. 맑고 상쾌한 기분으로 대담을 마칠 수 있음에 감사의 마음을 전합니다. 이번 기회를 통해 귀한 인연을 맺을 수 있었고, 마쓰시게 씨와의 소중한 관계가 더욱 깊어졌음을 느낍니다.

마쓰시게 씨가 「십우도十牛圖」를 주제로 대담하자는 제안을 했을 때, 왜 「십우도」를 선택하셨을까 잠시 생각해 보았습니다. 그러나 대화를 진행하면서 그 답이 분명해졌습니다.

마쓰시게 씨는 배우로서의 일뿐만 아니라 자신의 삶을 탐색하기 시작했을 때, 료안지의 돌 정원을 만났다고 하셨습니다. 그 공간에서 큰 감동을 받았고, 그로 인해 '선禪'에 대한 관심이 깊어졌다고 합니다. 이 경험을 통해 그는 선을 자신의 삶과 일의 기반으로 삼게되었고, 이후로도 이 선을 생활에 어떻게 활용하면 좋을지 고민하고 있었다는 이야기를 들려주셔서 매우 흥미로운 대담이 되었습니다.

고요한 마음으로 자신의 삶을 바라보고, 그 삶의 방식을 깊이 탐구하려는 '선'은 현대 사회를 살아가는 사람들에게 큰 의지가 될 수 있습니다. 선은 결코 선승만의 것이 아닙니다. 많은 사람에게 깊은 깨우침을 줄 수 있습니다.

이 선 수행 과정을 그림으로 표현한 것이 바로 「십우도」입니다. 「십우도」는 선 수행을 통해 소에 비유된 '진정한 나'를 만나고, 점점 더 깊은 경지로 나아가는 깨달음의 단계를 10장의 그림으로 나타낸 것입니다. 마쓰시게 씨가 이 「십우도」의 존재를 무척 흥미롭게 생각한 덕분에 인생에 대한 다채로운 이야기를 나눌 수 있었습니다.

이번 대담은 「십우도」에 관한 저의 해석과 그에 얽힌 이야기를 자유롭게 펼쳐본 현대적인 선문답이라 할 수 있습니다. 단순한 대화가 아니라 그 자체로 굉장히 밀도 높은 시간이었고, 서로의 영혼과 영혼이 소통하는 시간이었습니다. 그 내용을 정리한 것이 바로 이 책입니다.

따라서 『불교 마음 수업』은 자신만의 삶을 깊이 탐구하고자 하는 분, 선의 삶의 방식을 지향하는 분, 그리고 자신의 일과 삶에 선의 사상을 적용해 보고자 하는 분들에게 훌륭한 지침서가 될 것이

불교 마음 수업

라고 생각합니다.

이 책이 선의 사고와 삶의 태도를 이해하고 습득하고자 하는 독자 여러분의 사랑을 받는다면, 저희 두 사람에게 더할 나위 없는 기쁨이 될 것입니다.

12월 길일吉日
겐코지 방장方丈에서
겐코지 주지 마스노 슌묘

옮긴이 **왕현철**

KBS PD로 공채 입사하여 〈KBS스페셜〉, 〈세계는 지금〉, 〈역사탐험〉, 〈역사추리〉, 〈TV조선왕조실록〉 등 30여 년 동안 TV 다큐멘터리 프로그램을 제작했다. KBS 도쿄 특파원과 KBS JAPAN 사장을 역임, 6년간 일본에서 취재 및 콘텐츠 사업을 했다. 『주켄 사람들』을 번역했으며, 저서로는 『왕PD의 토크멘터리 조선왕조실록』이 있다.

내 안의 단단한 내면을 발견하는

불교 마음 수업

1판 1쇄 인쇄 2025년 2월 25일
1판 1쇄 발행 2025년 3월 10일

지은이 마스노 슌묘 · 마쓰시게 유타카
옮긴이 왕현철

발행인 양원석 **편집장** 최두은 **책임편집** 이현진
디자인 남미현, 김미선 **영업마케팅** 윤송, 김지현, 백승원, 이현주, 유민경

펴낸 곳 ㈜알에이치코리아
주소 서울시 금천구 가산디지털2로 53, 20층 (가산동, 한라시그마밸리)
편집문의 02-6443-8856 **도서문의** 02-6443-8800
홈페이지 http://rhk.co.kr
등록 2004년 1월 15일 제2-3726호

ISBN 978-89-255-7396-0 (03100)